AF245726

CONFIRMATION
DES PREUVES
DE LA
CONTRIBUTION
A LA LEGITIME
PAR TOUS LES ENFANS
DONATAIRES,

Et preuves nouvelles de la Contribution à la Legitime, par tous les
Donataires, quels qu'ils soient,
Enfans, ou Étrangers, supposé
que la mesure de la quotité s'é-
tende sur les donations faites aux
derniers.

SECONDE PARTIE.

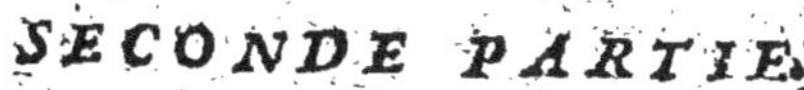

A PARIS,

Chez LOUIS JOSSE, ruë saint Jacques,
à la Couronne d'Epines,

&

MICHEL DAVID, Quay des Augustins,
à la Providence.

M. DCCIII.

AVERTISSEMENT

AVERTISSEMENT.

Lorsque je conçus le dessein de composer le Traité de la Contribution à la Legitime par tous les Enfans donataires, je n'en eûs point d'autre que de m'inſtruire, & je ne me flatay pas alors qu'il puſt ſouſtenir le grand jour de l'impreſſion : le conſeil de quelques amis, & ſur tout l'Illuſtre Approbation

dont Monseigneur le
President de Lamoignon
a daigné l'honorer, sont
la cause de ce qu'il a pa-
ru dans le Public, & du
favorable accüeil qu'il y
a receu : cependant les
uns ont dit qu'il n'estoit
pas assez étendu ; d'au-
tres qu'il n'appartenoit
pas a une personne de
ma profession d'écrire sur
de pareilles questions.

Pour satisfaire les pre-
miers, j'ay fait celui-cy,
dans lequel je crois avoir
mis tout ce que l'on peut

raisonnablement penser
sur la matière, & j'ay répondu aux autres a la
fin de l'ouvrage : un li-
vre est bon ou mauvais
indépendament de la pro-
fession de son Auteur :
il vaut beaucoup mieux
que l'Auteur honore sa
profession par son ou-
vrage, que d'honorer
son ouvrage par sa pro-
fession.

En tout cas, si je me
suis trompé dans le parti
que j'ay pris, c'est avec
de si grands Hommes,

tant anciens que moder-
nes, que je tiens à hon-
neur d'avoir suivi leur
sentiment, je n'ay fait
qu'en expliquer les rai-
sons & mettre en grand
ce qu'ils n'ont fait qu'en
petit : ils m'ont fourni
toute l'érudition, & il
n'y a rien qui m'appar-
tienne que l'ordre : j'ay
tâché de mettre si bien la
question dans son verita-
ble jour, & de la rendre
si intelligible, que tout le
monde pût voir qu'il ne
s'agit pas d'une question

de chose, mais de mot, & qu'il ne faut qu'un peu de bon sens pour l'entendre, & pour sentir de quelle maniere elle doit être décidée.

si quid novisti rectius istis candidus imperti, si non, his utere mecum. Hor. Ep. 6, l. 5. l.

APPROBATION.

J'Ay lû par ordre de Monseigneur le Chancelier, La Confirmation des Preuves de la Contribution à la Legitime, & j'ay trouvé que cet écrit contient de nouvelles observations & des recherches qui ne sont pas moins utiles & curieuses que celles du Traité fait sur le mesme sujet par le mesme Auteur. Fait à Paris le vingt-sixiéme Decembre 1702.

RASSICOD.

CONFIRMATION
DES PREUVES
DE LA
CONTRIBUTION
A LA LEGITIME
PAR TOUS LES ENFANS
DONATAIRES,

& preuves nouvelles de la contribution à la même Legitime, par tous les Donataires, quels qu'ils soient, Enfans, ou Etrangers,

Si autem personas accipitis, peccatum operamini, redarguti à lege quasi transgressores. Jacob. Ep.

A

supposé que la mesu-
re de la quotité, s'é-
tende sur les dona-
tions faites aux der-
niers.

CHAPITRE I.

Définition de la Donation en general.

TOUT ce qu'un homme donne de son vivant, est une division ou partage qu'il fait d'un bien, que la nature destine également à ses enfans nez ou à naître, pour servir à leurs alimens, a & soûtenir un état conforme à leur naissance.

a In suis hæredibus evidentiùs apparet continuationem dominii eò rem perducere, ut nulla videatur hæreditas fuisse, quasi olim hi domini essent, qui etiam vivo patre quodam modo domini existimantur : Unde etiam filius-familias appellatur, sicut & pater familias : sola nota hac adjecta, per quam distinguitur genitor ab eo qui genitus sit : itaque post mortem patris non hæreditatem percipere videntur : sed magis liberam bonorum administrationem consequuntur : hac ex causa : licet non sint hæredes instituti domini sunt : nec obstat quod licet eos exhæredare, quod & occidere licebat. L. 11. ff. de lib. Et post. hæred. instituendis tit. 2.

Ut liberi tam masculini quàm fœminini sexus sive sui juris, sive in potestate constitutis, &c. L. 17. cod. de coll.

Définition de l'action de la Legitime.

L'ACTION de la Legitime est une demande en partage, mais

qui n'a lieu qu'aprés le decés du pere, ᵃ

Il est donc question de sçavoir, si dans le cas où les biens laissez *ab intestat*, ne suffisent pas pour fournir la legitime ; tous ceux ausquels un pere aura donné, seront obligez de contribuer, soit pour le fournissement, soit pour le suplément de la Legitime, ou s'il n'y aura que le dernier, ou les derniers d'en-

ᵃ *Tertia propria substantia pars.* Nov. 18. cap. 1.

Sancimus repetitionem ex rebus substantia patris fieri. L. 36. cod de inoff. Testam.

Repletionem autem fieri ex ipsa substantia patris, repletionem autem ex rebus substantia patris fieri. Ibid.

tr'eux, qui feront tenus de fournir ou fupléer.

Voilà le veritable état de la queſtion : mais je n'en puis trouver la déciſion, qu'en conſervant les définitions de la donation, & de l'action de la Legitime, ſur leſquelles doivent rouler toutes les difficultez qui peuvent ſe preſenter, & qui doivent former enſuite la déciſion.

Je cherche d'abord ce que c'eſt que la Legitime : j'apprends par le premier Chapitre de la Novelle 18. par la Novelle 92. & par les Loix du Code qui en par-

lent, que c'eſt une certaine
portion qu'elles ont reſer-
vée à un enfant ſur les
biens de ſon pere , mais
moindre que celle que la
nature luy preparoit : Que
cette quotité ou portion eſt
meſurée , non ſeulement
ſur les biens que le pere
laiſſe au jour de ſon decés ,
mais encore ſur ceux dont
il a diſpoſé de ſon vivant ;
je trouve donc par conſe-
quent une maſſe , ſur la-
quelle on doit aſſeoir cette
quotité : Si on me deman-
de aprés cela quels donataires doivent la fournir ; je
réponds , ſuivant le ſens

commun , qu'il ne s'agit plus de donataires , tout étant confondu , & que c'est à la masse à faire ce fournissement ; d'où je con-clus , que toute donation qui a servi à trouver la quotité de la Legitime, est sujette à proportion de son étenduë , au fournissement de la quotité trouvée ; parce que dans ma conclusion, je trouve que mes défini-tions subsistent dans toute leur étenduë. *In toto & pars continetur.* L. 113. ff. de reg. jur.

J'examine d'abord la question, par rapport aux

seuls enfans donataires par définitions & principes.

Je prends pour premier principe, que tout ce qu'un pere donne à son enfant, meuble ou immeuble, est donné en avancement d'hoirie, & sur sa succession future.

Pour second, que le mort saisit le vif, donataire ou non donataire.

Pour troisiéme, que tout donataire qui accepte la succession de son pere, est obligé de rapporter, s'il veut partager le surplus.

Pour quatriéme, que la Legitime à son égard, est

une demande en partage.

Je concluds des trois premiers principes, que tout donataire doit fournir la Legitime, ou y contribuer, parce qu'il faut que le quatriéme principe quadre aux trois autres, selon la mesure de la quotité trouvée.

OBJECTION.

Nul n'est heritier qui ne veut, & tout enfant donataire peut s'abstenir de la succession : donc tout donataire qui s'abstient, ne peut estre contraint de rapporter pour un partage.

Réponse. Donc nul n'aura receu en avancement d'hoirie : donc la Legitime ne fera plus une demande en partage : Ainſi voilà les définitions détruites : pourſuivons le progrés des concluſions : donc nul donataire ne ſera obligé de rapporter pour la compoſition de la maſſe : donc le legitimaire ne ſera point tenu d'imputer ce qui luy aura eſté donné, donc point de legitime ; donc point de ſucceſſion.

Cependant c'eſt une Legitime que je cherche, & une ſucceſſion qui doit me

la fournir ; d'un côté je ne
puis nier les principes de
l'objection, mais de l'autre
je n'en puis approuver les
confequences, parce qu'elles détruifent abfolument
mes définitions, & ce que
je cherche par elles : dans
embaras, je cherche cet
une décifion qui puiffe
allier mes définitions &
mes principes, & me
faire trouver en même
temps ce que je cherche :
je confulte pour cela la Novelle 92. de Juftinien, qui
parle expreffement, &
du fourniffement de la Legitime : je trouve que la

quotité eſt meſurée , non
ſeulement ſur les biens
reſtez au decés du pere, mais
encore ſur ceux dont il a
diſpoſé pendant ſa vie: ainſi
voilà un point fixe qui dé-
termine la quotité. A l'é-
gard du fourniſſement , je
vois qu'elle declare en ce
cas tous les donataires heritiers de leur pere : Voila
donc mon embarras levé ,
puiſque voila une ſucceſ-
ſion établie, ſur laquelle je
n'ay plus qu'à exercer mes
définitions & mes princi-
pes ; & voicy comme je
raiſonne.

Mes définitions ſont ,

que tout ce qui est donné
est un avancement d'hoirie,
& que la Legitime est une
demande en partage : je
n'ay trouvé de difficulté,
que de la part des donataires, qui m'ont dit ; qu'ils
s'abstiendroient de la succession : *je vois une Loy*
précise qui les declare heritiers, je suis mes principes,
& aprés avoir composé la
masse, je conclus que
toute donation qui y est
entrée, doit contribuer à
la Legitime, à moins que
sa mesure ne se trouve qua-
drer justement à la portion
integrale de l'enfant dona-

taire dans les biens de son pere; car en ce cas, cet enfant retire sa donation de la masse sans aucun retranchement, parce qu'elle n'y est entrée que pour servir de mesure à la quotité de la Legitime.

Mais lorsque j'examine de prés l'histoire de cette Novelle, que je fais attention à ses motifs, & que je fais l'Analyse de ses dispositions ; je ne puis m'empêcher de demeurer pleinement convaincu de la Contribution à la Legitime : j'y vois en même temps la refutation de l'opinion con-

traire , par les définitions
que j'y trouve, de la quotité de la Legitime de la
donation inofficieuse , de
quelles donations la masse
sera composée ; & enfin
j'apprends comment , & à
quel titre les Legitimaires la
partageront.

L'Empereur avoit reglé
la quotité de la Legitime ,
par le premier Chapitre de
la Novelle 18. mais parce
qu'il faut qu'un Legislateur
se propose une espece certaine pour faire une Loy ,
il avoit seulement pris celle
d'un Testateur , dont tous
les biens sont entiers dans

le moment qu'il teste, & il
avoit cru avec raison pouvoir se dispenser de parler
des donations faites du vivant du pere, parce que la
maniere de les retrancher,
étoit déja reglée par les
Loix de son Code. Que
firent les donataires ? ils
prirent les choses au pié
de la lettre, & voulurent
reduire les Legitimaires, à
se contenter de ce qui reste-
roit *ab intestat* : leur argument étoit la faculté de s'abstenir de la succession: mais
par cet argument, si le pere
ne laisse aucuns biens, il
n'y aura point de Legitime:
il

il faut cependant qu'il y en ait une : qu'elle soit d'une certaine quotité, qu'elle soit demandée à titre d'heritier, contre des coheritiers par une action de partage ; il faut donc pour cela, qu'il y ait une succession ouverte & constante: voyons donc comment l'Empereur a reglé cette quotité, & comment il a établi cette succession.

Il declare d'abord qu'il y a long-temps qu'il a augmenté considerablement la Legitime, parce que tout ce qui est trop disproportionné, ne sçauroit luy plaire ;

qu'il veut bien entrer dans
les sentimens de prédilection d'un pere, pour quelques-uns de ses enfans, mais
non pas si avant que les autres en souffrent un dom-
mage considerable. Voilà
une Préface qui fait con-
noître qu'il va décider la
question, de sçavoir si les
donations faites du vivant
du pere, entreront en masse
pour trouver la quotité de
la Legitime, & c'est ce qu'il
fait en ces termes.

Nous voulons donc par
ce present Edit perpetuel &
irrevocable, que si quel-
qu'un fait une donation

exceſſive en faveur de quelqu'un ou quelques-uns de
ſes enfans, il diſtribue par
ſon Teſtament ce qui luy
reſte, avec tant de prudence,
que chacun des autres s'en
trouve avoir autant qu'il
luy en étoit dû par la Loy
auparavant la donation ,
ou les donations dont il a
honoré les premiers : ainſi
voilà d'abord les donations
faites du vivant du pere, qui
ſervent à trouver la Legitime, & la meſure de cette
Legitime fixée par cette
computation; ainſi ſi le pere
agit avec cette prudence qui
luy eſt recommandée, ceux

qui par la computation ſe
trouveront reduits à la Legitime , n'auront aucun
ſujet de ſe plaindre ; mais
comme le pere peut , ou
manquer de cette pruden-
ce , ou avoir ſi fort épuiſé
ſes biens de ſon vivant , par
des donations , qu'il n'en
reſtera pas aſſez pour fournir la Legitime , & qu'il
auroit été inutile de faire
entrer en maſſe toutes les
donations , pour en trouver
la quotité , ſans décider la
principale & veritable
queſtion , qui étoit de ſçavoir ſi tous les enfans donataires contribueroient ?

L'Empereur fait deux cho-
fes; premierement il con-
damne l'argument des Do-
nataires, tiré du pouvoir
de s'abftenir; & en fecond
lieu, il les contraint tous à
fe dire & porter heritiers de
leur pere: donc voilà une
fucceffion établie; donc
une contribution par les définitions des donations en
avancement d'hoirie, & de
l'action de la Legitime.

OBJECTION.

Mais comment, dira-t'-
on, accorder cette décifion
avec ce que l'Empereur dit,
qu'il ne faudra point obli-

ger les donataires d'accepter la succession , s'ils veulent se tenir à leurs dons.

Réponse. Rien n'est plus aisé , & l'on ne peut assez admirer la maniere simple & facile dont s'est servi l'Empereur, pour accorder ensemble le privilege de l'abstention de l'heredité , avec la necessité de l'accepter ; la dispense de payer les dettes , sans perdre la qualité d'heritier, & la maniere d'être heritier , sans être obligé de partager également , & il a fait tout cela sans blesser les définitions de l'avancement d'hoirie,

& de la Legitime, ny le privilege de l'abſtention commun à tout donataire : Voicy comment il s'y eſt pris ; il avoit quatre objets en veuë, augmenter la Legitime, en ordonner le fourniſſement, maintenir la prédilection, & mettre les uns & les autres à couvert des creanciers de leur pere.

Ainſi ſi le pere ne laiſſe aucuns biens pour payer ſes dettes poſterieures aux donations ; tous les donataires s'abſtiendront, il n'y aura point de ſucceſſion à leur égard, & les creanciers n'auront point droit de fe plaindre , devant s'imputer ou leur negligence à fe faire payer du vivant de leur debiteur , ou leur imprudence , de luy avoir presté dans un temps où il avoit fait des donations pour établir des enfans , (chofes dont la publicité étoit facile à connoître ;) mais la caufe des creanciers étant terminée , il faut fournir la Legitime à ceux qui n'ont rien receu, ou qui n'ont pas receu affez. L'Empereur s'eft fervi pour cela de fes définitions de l'avancement d'hoirie ; &

de

de l'action de la Legitime :
ainsi si l'enfant qui demande à partager pour sa Legitime, a receu quelque chose
en avancement d'hoirie, il
doit le rapporter, puisqu'il
s'agit d'un partage ; donc
pour se dispenser du raport,
il ne peut se servir du
privilege de l'abstention ;
car s'il s'en servoit, il faudroit qu'il se contentât de sa
donation, & il perdroit le
surplus de sa Legitime ;
ainsi son abstention n'est
considerée, & n'a d'effet
qu'à l'égard des creanciers
du pere.

Or par la même raison,

C

que ce donataire deman-
deur en Legitime, eſt obligé de rapporter ce qu'il a
receu pour la compoſition
de la Maſſe, ſur laquelle la
quotité doit être meſurée,
par la même raiſon le do-
nataire qui voudroit ſe diſpenſer de fournir ou de
contribuer, ne peut ſe ſer-
vir du privilege de l'abſtention, puiſqu'il eſt obligé
de rapporter en maſſe, ayant
receu à même titre, & qu'a-
prés les dettes du pere
payées ou non payées ; le
premier devoir des enfans,
eſt de pourvoir reciproque-
ment entr'eux à leurs ali-

mens, en partageant les biens de leur pere, eu égard à la prédilection & à la quotité de la Legitime : de forte que l'abstention des donataires qui voudroient se dispenser de fournir ou contribuer, ne peut produire que trois effets.

Le premier qui leur est commun avec les legitimaires, même donataires, est de les mettre à couvert des creanciers posterieurs à leurs donations.

Le second qui leur est propre & particulier, c'est de ne contribuer qu'à proportion de ce qu'ils ont reçû

Et le troisiéme , c'est qu'aprés avoir fait ce fournissement de la Legitime par contribution , chacun d'eux se trouve acquitté de la necessité de rapporter en masse , pour en trouver la quotité , & se trouve en avoir fait le fournissement, en conservant la prédilection que son pere a euë pour luy , au degré où cette prédilection a pû être portée : c'est ainsi que l'Empereur en condamnant tous les donataires qui voudroient se dispenser du fournissement, à se dire heritiers de leur pere, compose la masse qui

doit servir à mesurer, &
fournir la Legitime, &
qu'il maintient la prédilection, en expliquant l'usage
qu'on peut faire de l'abstention de l'heredité.

OBJECTION.

Si la derniere, ou les dernieres donations n'avoient
point été faites, il seroit
resté assez de bien au pere,
pour fournir la Legitime à
ceux qui la demandent :
donc ce sont ces dernieres
donations, qu'il faut retrancher seulement, comme
étant seules inofficieuses &
cause de plainte.

Réponse. J'avoüe que cet argument éblouit, mais pour en déveloper le sophisme, il n'y a qu'à se remettre en vûë les définitions de la donation en avancement d'hoirie de l'action de la Legitime, qui est une demande en partage; le temps de sa demande, le principe de la prédilection qu'il faut conserver, le privilege de l'abstention accordé à tout donataire; joindre à tout cela la quotité de la Legitime ajustée à tous ces principes, & pour lors on verra la foiblesse de cet argument.

Premierement , il n'est pas vray absolument , que si ces dernieres donations n'avoient point été faites , les biens laissez par le pere au jour de son decés , auroient suffi pour la Legitime , puis qu'il est incertain si le pere au moment de la derniere donation n'avoit pas des biens suffisans pour cette Legitime , que le hazard du commerce de la vie peut luy avoir enlevé.

Secondement, c'est que cette recherche est inutile, puisque quelqu'évenement heureux ou malheureux qui arrive dans sa fortune , il faut attendre son decés , pour composer une masse de ce qu'il a donné & de ce qu'il laisse , pour sçavoir la quotité de la Legitime , & que chaque enfant est saisi par sa naissance du droit de succeder à son pere, qui ne peut l'en priver , ou le diminuer , que par des voyes legitimes.

Troisiémement , c'est que le pere n'a fait ces dernieres donations , que parce qu'il a cru les pouvoir faire aussi bien que les premieres ; & supposé que sa fortune ait changé de face ,

il faut toûjours, même selon le principe de l'irrevocabilité des donations, con-
siderer ces derniers enfans,
comme étant du nombre
de ceux qu'il a choisis par
prédilection, & qu'il faut
maintenir dans cet état,
sauf la Legitime des au-
tres.

Et enfin, c'est que par
l'espece de la Novelle, il
ne s'agit pas de sçavoir, si
quelqu'un des donataires
pourra se dispenser de fournir la Legitime, ou y contribuer ; mais il s'agit en
general de sçavoir, si tous
les donataires contribue-

font : c'est ce que l'Empereur décide, en les qualifiant tous heritiers de leur pere, malgré leur privilege de l'abstention, qui leur est commun, & en declarant toutes leurs donations inofficieuses ; puis qu'étant toutes faites à même titre d'avancement d'hoirie, l'une ne peut empêcher plus que l'autre, que les biens restez au jour du decés, ne suffisent pour la Legitime, dans le même temps qu'il veut conserver la prédilection ; ce qui ne se peut faire que par la contribution : donc toute do-

nation entrant en masse
pour trouver la quotité de
la Legitime ; nulle dona-
tion n'en peut être retirée,
qu'aprés la Legitime trouvée & fournie.

OBJECTION.

On ne doit point sup-
poser de prédilection, on
doit croire au contraire,
qu'un pere aime ses enfans
également, & que s'il donne à l'un plus qu'à l'autre,
ce n'est que par rapport au
moment qu'il donne, &
par rapport à une alliance
qu'il fait d'une famille à la
sienne; mais qu'en general,

il espere qu'à sa mort, tous ses enfans accepteront sa succession, & qu'ils se trouveront tous égaux.

Réponse. Ceux qui font l'objection, ne peuvent disconvenir, que le pere ne puisse exercer sa prédilection par un Testament : mais le privilege de l'abstention, commun à tous les donataires, établit cette prédilection, malgré qu'on en ait : ainsi qu'on appelle l'avantage qu'un enfant retient au-delà de sa portion hereditaire, prédilection, ou qu'on le regarde comme un effet du hazard ; ce qui

reſulte de tout cela , c'eſt
que ce donataire retient ſa
donation par le moyen de
l'abſtention , ſauf à contribuer à la Legitime des autres ; & ce qui eſt de vray ,
c'eſt que l'Empereur n'en a
pas fait à deux fois , pour
qualifier la donation au-
delà de la portion virile ,
une prédilection , en faiſant
le paralele de la donation
en avancement d'hoirie ,
avec le privilege de l'abſtention de l'heredité ; il doit
donc demeurer pour con-
ſtant, qu'il a voulu maintenir cette prédilection.

Mais lorſque les donataires se sont vûs en seureté de retenir leurs donations, sans être obligez à autre chose qu'au fournissement de la Legitime; ils n'ont pas été contens, ils ont voulu malgré la nouvelle grace qui leur étoit accordée, de partager encore le surplus de la succession, se dispenser de fournir la Legitime à leurs freres, & les reduire à se contenter de ce qui restoit *ab intestat.*

Cependant toutes les fois qu'ils ont voulu soûtenir une prétention si extraordinaire, ils ont été tous condamnez en nom collectif;

& il est certain que dans le droit Romain, on ne voit aucun donataire avoir eu de contestation contre un autre, par l'anteriorité de sa donation, pour obliger le dernier de fournir la Legitime à sa décharge : de sorte que l'opinion contraire, est une opinion nouvelle condamnée dans tous les temps, & à laquelle l'Arrest des Vedeau rendu en 1688. ne peut servir de prétexte, comme je le feray voir cy-aprés.

OBJECTION.

Le donateur est garant

de ce qu'il donne, principalement lors des Contracts
de Mariage de ſes enfans,
où un tiers contracte avec
luy ſur la bonne foy, & dans
l'eſperance que ce qu'il
donne, ne ſera jamais di-
minué.

Réponſe. Voilà l'argument
le plus ſpecieux que ceux
qui ſoûtiennent l'opinion
contraire ont à propoſer.

Rép. Premierement, il
n'eſt pas vray qu'un pere
ayant promis de garantir,
ſes autres enfans ſoient tenus de l'éviction, au-delà
de la portion hereditaire,
que le donataire évincé
pouvoit

pouvoit prétendre dans la succession de son pere. C'est l'espece de la Loy, *Quoniam avus*, comme au Code, au Titre des Evictions.

Secondement, si cet argument concluoit, il détruiroit les définitions de l'avancement d'hoirie, & de la Legitime, par consequent il ne peut pas conclure.

Troisiémement, c'est que la famille qui a contracté avec le dernier enfant donataire, doit être autant considerée que la premiere, puis qu'elle a contracté comme elle sur

D

le pié des définitions, qui rendent commun entr'elles le risque du fournissement de la Legitime ; risque enveloppé necessairement dans la definition des donations en avancement d'hoirie.

Et enfin, c'est que par cette Loy, tout donataire évincé, premier ou dernier a un dédommagement certain contre ses coheritiers, qui doivent le dédommager de son éviction, jusqu'à concurrence de sa portion hereditaire. Or le terme de coheritiers ne peut être entendu de ceux qui acceptent la succession, mais seulement des donataires, qui refusant de l'accepter, veulent par le privilege de l'abstention, se dispenser du dédommagement ; & Monsieur Ricard luy-même en parlant des donataires, les qualifie de coheritiers des legitimaires.

J'avertis icy les Lecteurs, que je suppose pour un moment la demande en Legitime une action d'éviction.

Il est certain par les Loix qui parlent des rapports aux successions, que si tous les donataires veulent partager le surplus des biens de leur pere ; celuy qui aura été évincé, n'aura point de dédommagement à prétendre autrement que sur la masse entiere de la succession, parce qu'il doit se contenter de l'état où il la trouve, & qu'il ne l'accepte que par raport au revenant bon qu'il y découvre, dans lequel il doit confondre son dédommagement: mais d'où vient la Loy accorde-t-elle un dédommagement de l'éviction au donataire évincé contre ses coheritiers ; si tous les donataires peuvent s'abftenir de la fucceffion : cecy ne peut s'entendre que par l'hiftoire.

Par l'ancien Droit Romain, lorfque tous les enfans avoient été dottez & émancipez, chacun d'eux gardoit fa donation, & ils partageoient enfuite égalemment les biens laiffez *ab intestat* : il en étoit de même par l'ancien Droit François.

Par l'ancien Droit Romain les émancipez ne fuccedoient point avec ceux qui étoient reftez fous la puiffance paternelle ; il en étoit de même par l'ancien

Droit François, avec cette difference, qu'il falloit par celuy-cy qu'ils euſſent été dotez.

Par le nouveau Droit Romain, les émancipez ont été admis à partager le ſurplus avec ceux qui ſont reſtez ſous l'autorité paternelle; mais à condition de rapporter.

Il en eſt de même par le nouveau Droit François.

De-là il reſulte que du temps de l'ancien Droit, entre des enfans tous dotez & émancipez, l'évincé n'auroit eu de recours que contre ſon propre pere de ſon

vivant, ou fur les biens demeurez à fon decés ; encore
auroit-il fallu pour cela,
qu'il l'eût promis, & la garantie & l'hypoteque ; car
ni l'une, ni l'autre n'étoient
point de l'effence de la donation. Mais par le nouveau
Droit Romain, & le nou-
veau Droit François, qui
ont admis la définition des
donations en avancement
d'hoirie, les donataires qui
voudroient fe difpenfer du
dédommagement, ont beau
dire qu'ils fe tiennent à
leurs donations, & qu'ils
s'abftiennent de la fucceffion, ils ne font plus con-

fiderez comme étrangers, mais comme des perſonnes qui ont partagé les biens de leur pere de ſon vivant; & comme on ne doit pas pouſſer les choſes au-delà de la nature ; le donataire évincé doit ſe contenter de ſa portion integrale dans tous les biens de ſon pere : car de quoy ſe peut-il plaindre, il luy reſte tout ce que la nature luy deſtinoit ; & ſon éviction remet à ſon égard les choſes dans leur ordre naturel, qui eſt l'égalité.

Cette Loy nous apprend donc deux veritez : la premiere

premiere, que tout dona-
taire évincé a son recours,
pour se faire maintenir
dans sa portion hereditaire,
parce qu'il dépend du crean-
cier, dont l'hypoteque est
indivisible de choisir celuy
qu'il voudra attaquer; l'autre que tous les autres donataires le doivent dédommager par contribution entr'eux, jusqu'à concurrence; parce qu'entre des enfans qui ont tous reçu à
même titre; les raisons doivent être réciproques, soit
pour demander le dédom-
magement, soit pour la
maniere de le fournir: &

c'est pourquoy M. Cujas,
qui avoit des idées fort jus-
tes de l'action de la Legitime, & du recours de ga-
rantie, si on la prend pour
une action d'éviction, a
déclaré qu'on ne lisoit en
aucun endroit du Droit,
qu'on pût jamais, pour
quelque cause que ce soit,
entamer la portion virile
d'un donataire; & c'est ce
qui ne se peut faire que par
la contribution.

Car enfin, qu'arriveroit-
il au premier donataire é-
vincé, qui voudroit faire
valoir sa donation dans toute son étenduë, s'il se trou-

voit posseder le seul im-
meuble hypotequé à la
créance, son pere n'ayant
donné à ses autres freres &
sœurs que des deniers comptans, qui suivant l'usage
d'aujourd'hui, ne sont point
susceptibles de l'hypoteque?
ne pourroit-il pas être évincé du total de l'immeuble,
qui luy auroit été donné,
sans aucun recours, que
sur les biens laissez *ab intestat* par son pere, supposé
qu'il en laisse.

Mais pourquoy par l'es-
pece de cette Loy le donataire évincé vouloit-il son
dédommagement en en-

tier, c'est-à-dire se faire valoir toute sa donation ; c'est
qu'il auroit bien voulu se
maintenir dans l'ancien
droit, & profiter du nou-
veau ; or c'est ce qui n'est
pas possible, parce qu'il faut
opter ; & c'est pourquoy la
Loy le réduit à se contenter
de sa portion hereditaire :
donc le terme de coheri-
tiers que l'Empereur em-
ploye pour pourvoir au dédommagement du dona-
taire évincé, jusqu'à concurrence de sa portion hereditaire, ne peut être appli-
qué que sur ceux qui vou-
droient s'abstenir de la suc-

cession, puis qu'il n'y auroit rien de plus aisé pour
détruire l'effet de cette Loy,
que de s'abstenir.

Je crois donc avoir eu rai-
de son dire dans le Traité,
que depuis la définition des
donations en avancement
d'hoirie, l'ouverture de la
succession commençoit par
la premiere des donations
d'un pere à un enfant, &
que l'abstention de l'heredité n'avoit été introduite
que pour deux causes, l'u-
ne pour mettre tous les donataires à couvert des creanciers posterieurs à leurs donations, & l'autre pour

maintenir la prédilection, ou si l'on veut, l'irrevoca-bilité des donations : mais que la Legitime étant une demande en partage, l'ab-stention ne pouvoit dispen-ser aucun donataire d'y contribuer, étans tous obli-gez de rapporter en masse, pour en trouver la quotité, soit pour le fournissement, soit pour l'imputation à cause du titre commun au-quel les uns & les autres ont receu. J'ajoûte icy qu'-ils sont tous obligez de rapporter en masse, pour dédommager le donataire évincé, jusqu'à concurrence

de sa portion hereditaire,
quand même l'action de la
Legitime seroit une demande du payement d'une
creance ; parce que l'hypoteque de cette creance , est
du jour du Mariage du pere,
& qu'il n'a pû par la suite
promettre à ses enfans des
garanties , au préjudice de
cette hypoteque.

CHAPITRE II.

Preuves de la contribution à la Legitime, par les termes que les Loix ont employeZ, pour exprimer, & declarer leur intention.

LES mots renferment les idées : s'ils les ou-trent, on les regarde com-me metaphoriques ; si au contraire ils s'ajuſtent à la veritable idée, ils ſont ſim-ples.

Je demande à ceux qui ſoûtiennent que le dernier donataire doit fournir la Legitime à la décharge des

premiers , lors qu'elle est
mesurée sur une masse ; s'ils
ont pû composer cette masse, autrement que par un
mélange des donations. Si
confero, ne vient pas de *in*
in unum fero, porter plusieurs
choses en un lieu ; si pour
composer le fonds d'une
societé, on ne se sert pas du
même verbe , *rem confers*
& industriam, dit élegam-
ment Voiture à Monsieur
d'Avaux ; vous faites tout
le fonds de la societé qui est
entre nous. *Omnes curas cogi-*
tationesque meas conferebam ,
disoit Ciceron dans un état
de perplexité , je confon-

dois , je broüillois enſemble mes affaires & mes reflexions; *conferre*, dans les Loix qui parlent des partages , ne veut dire autre choſe que rapporter; mélanger les donations , en faire une confuſion , compoſer une maſſe. L'action de la Legitime , eſt une action de partage : c'eſt ce qui fait que le Demandeur en Legitime eſt obligé de rapporter; mais comme on a introduit le rapport par fiction, en prenant moins, on luy précompte, en ſuppoſant toûjours qu'il a rapporté; & ce qui luy eſt précompté, est censé sortir de la masse.

M. Cujas parlant du supplément de la Legitime par tous les donataires entrevifs, & de la maniere dont il se fait, use de ces termes: *Liberi tamen hæredes instituti, si ex reliquis bonis falcidiam servare non possint, eam revocant ex donationibus inter vivos, habitâ ratione non tantùm bonorum quæ parens habuit tempore mortis, sed etiam eorum quæ habuit donationis tempore.* Si les enfans heritiers instituez, ne trouvent pas leur Legitime dans les biens que leur pere laisse au jour de son decés, ils revoquent les donations qu'il a faites de son vivant, non pas seulement suivant la mesure & à proportion des biens qu'il avoit en mourant, mais encore par rapport à ceux qu'il avoit au moment de la donation : qu'on compare cette maniere de s'exprimer avec celle de l'Empereur Justinien dans sa Novelle 92. *Si quis donationem immensam in aliquem aut aliquos filiorum fecerit in tantùm autem aucta quantitate quantùm habuit substantia patris, antequam donationibus exhauriretur.* Si l'épuisement des biens du pere ne vient qu'à cauſe des dernieres donations, il ne faut pas meſurer la quotité de la Legitime, ſur celles qui n'ont aucune part à l'épuiſement..... *non valentibus filiis qui donationibus honorati ſunt dicere contentos ſe quidem eſſe immenſis his donationibus, videri autem abſtinere paternâ hæreditate.* Les voilà donc en ce cas, heritiers de leur pere, & toutes les donations taxées de l'épuiſement. *Sed neque cogendis quidem ſi contenti ſunt donationibus ſuſcipere hæreditatem, neceſſitatem autem habentibus omnibus mo-*

dis complere fratribus, quod hæc
defert secundùm quam scripsi-
mus mensuram, ut non minùs
habeant illi quàm quod ex legibus eis debetur, propter factam
in donationibus immensitatem:
dum liceat patri mediocriter sa-
pienti circa omnem prolem etiam
iis qui ab eo potius diliguntur
donare aliquid amplius, &
non cæteros filios per immensitatem in illos factam lædere, &
nostram transcendere intentio-
nem: & hæc quidem nostra ab
initio cogitatio fuit, differentes
autem illud dudum & humana-
rum experti animarum, quoniam videbamus eos in hujus-
modi passionibus labefactari,

atque descendere, proptereà nunc augmentum illi legi hoc facimus.

L'Empereur, & Monsieur Cujas son Interprete, sçavoient tout ce qu'il faut sçavoir de Grammaire, pour exprimer nettement leur pensée. Cela présupposé, que ceux de l'opinion contraire rendent donc raison, pourquoy l'un & l'autre ont indifferemment employé le mot de donation en singulier, pour signifier toutes les donations faites du vivant du pere, lors qu'il s'agit du fournisse-ment ou du supplément de

là Legitime ; s'il y avoit eu
quelque difference entr'elles, à cause de l'ordre de
leurs dattes, ou de la garantie de la premiere par la seconde, ne s'en seroient-ils
pas expliqué clairement ?
ignoroient-ils la force des
Contrats, leur hypoteque,
la garantie des donations ?
ne parlent-ils pas à tous les
donataires, & ont-ils d'autre intention, que de conserver la prédilection ; ou
l'irrevocabilité des donations, & cette prédilection
ou cette irrevocabilité peu-
vent-elles être conservées,
autrement que par la con-
tribu-

tribution? lorſque d'un côté l'Empereur permet à tous les donataires de s'abſtenir, ſauf la Legitime des autres, & qu'il déclare tous les donataires heritiers de leur pere, dans le cas du fourniſſement de la Legitime; & que de l'autre M. Cujas ſoûtient, & par la Loy de la nature, & toutes les Loix poſitives, qu'on n'a jamais lû nulle part, que dans une donation faite à un enfant, on puiſſe toucher à ſa portion integrale. *Donationem in aſſem, inve partem virilem revocari nuſquam legitur.* Les legitimaires ſe la font fournir ou suppléer, dit cet excellent Interprète, en faisant tourner visage à toutes les donations. *Eam revocant ex donationibus inter vivos.* Il commence par le retranchement ; car *revocare*, en bonne latinité, signifie retrancher, *retrorsùm voco, redire jubeo,* revoquer, rappeller ; *habitâ ratione* : voilà la proportion du retranche-ment, *non tantùm bonorum quæ parens habuit tempore mortis, sed etiam eorum quæ habuit donationis tempore.* Si donatio, en cet endroit ne signifioit pas toutes les donations pour operer le re-

ranchement , aussi bien
que pour trouver la quotité ; il n'auroit pas dit, *eam
revocant ex donationibus*, mais
il auroit construit sa phrase
en cette maniere ; *eam revocant ex ultimis tantùm donationibus, tanquam solis legitimam
actu lædentibus, sed habitâ ratione non tantùm bonorum quæ
parens habuit mortis tempore,
sed etiam eorum quæ habuit
tempore primæ donationis.* Il se
feroit encore bien donné
de garde de dire dans l'explication qu'il a faite de la
Novelle 92. *adversùs primum
& secundum competet actio* ;
aprés avoir posé pour prin-

cipe au commencement,
qu'on ne peut jamais entamer la portion virile d'un
donataire; la contradiction
auroit été trop manifeste,
& M. Cujas n'étoit pas
homme à se contredire.
en effet, n'est-il pas absurde
d'aller mesurer la Legitime
jusques sur la premiere des
donations, pour faire tomber le poids du retranchement sur la derniere, & le
faire remonter ensuite sur
les precedentes : le poids de
la mesure étant monté jusques sur cette premiere pour
retrancher, ne peut tomber
sur la seconde, qu'il n'ait

entraîné avec luy la por-
tion inofficieuse qu'il a
trouvé fur la precedente,
& ainfi du refte en tom-
bant. Auffi quand Juftinien
a voulu définir ce que c'é-
toit que l'immenfité des
donations, qui empêche les
legitimaires, de trouver
leur Legitime dans ce qui
refte, a regardé toutes les
donations en general, &
non pas en particulier; parce qu'il regardoit tous les
donataires comme des en-
fans de prédilection; prédilection qu'il vouloit con-
ferver; c'eft pourquoy il
s'eft fervi de ces termes;

ſi quis donationem immenſam in aliquem aut aliquos filio-rum fecerit ; & lorſque par occaſion il a encore parlé dans la même No-velle de cette immenſité, il a dit, *propter factam in do-nationibus immenſitatem,* mar-que certaine qu'il regardoit cette immenſité, répanduë proportionellement dans toutes les donations, par rapport à leur quotité, puis qu'il a parlé de l'immenſité en ſingulier, & des dona-tions auſſi en ſingulier, & que l'immenſité eſt l'attri-but de la propoſition, dont le mot de donation eſt le sujet ; & qu'en conservant cet attribut en singulier, il a parlé des donations en pluriel, qui en restent toûjours le sujet ; de sorte que pour exprimer toutes les donations faites du vivant du pere, l'Empereur s'étant servi d'abord du mot de donation en singulier, & dans la suite de son discours ayant employé le pluriel indifferemment, & ayant toûjours conservé le singulier pour l'attribut de sa proposition, il est aisé de voir que, *donatio immensa*, *& immensitas facta in donatio-bus*, sont termes synonimes,

qui ne prefentent à l'efprit
qu'une même idée, & qui
établiffent la contribution.

On voit de plus, que
ce n'eft pas fans raifon que
j'ay avancé dans mon Traité, fçavoir, que l'Empereur
n'avoit jamais regardé la
divifion que faifoit un pere
de fes biens, que comme
une feule & même dona-
tion, parce que c'étoit la
même volonté qui agiffoit,
& la même fubftance defti-
née aux enfans, qui fe di-
vifoit.

CHAP.

CHAPITRE III.

Preuves de la Contribution à la Legitime par tous les enfans donataires, par l'universalité du terme de donataire & de donation, dont plusieurs Coûtumes de France se sont servi, pour exprimer tous les donataires, & pour ordonner le retranchement de toutes les donations, lorsqu'il s'est agi du fournissement de la Legitime.

J'AY dit dans le Traitté p. 169. en réfutant un des Sectateurs de l'opinion con-

traire que cet Ecrivain avoit
cité à tort en faveur de cette opinion les Coûtumes de
Montargis, de Berry, d'Orleans, & de Sens, & qu'il
n'y avoit aucun des articles
de ces Coûtumes, qui ne
fût pris de la Novelle 92. de
Justinien, & à qui le, *si quis
donationem immensam in aliquem aut aliquos filiorum fecerit,*
n'eût donné & l'esprit, &
l'arrangement; il est temps
de le prouver plus au long.
Je commence d'abord
par la Coûtume de Paris,
parce que les Reformateurs
des autres Coûtumes leur
ont inspiré autant qu'ils

ont pû l'esprit de la capi-
tale du Royaume.

Meubles ou immeubles *Art. 278.*
donnez par pere & mere à
leurs enfans, sont réputez
donnez en avancement
d'hoirie.

Neanmoins, où celuy au- *Art. 307.*
quel on auroit donné, voudroit se tenir à son don,
faire le peut, en s'abstenant
de l'heredité, la Legitime
reservée aux autres enfans.

Donation faite par pere, *Coûtume de*
ou mere, à un, ou à plu- *Sens.*
sieurs de leurs enfans, de *Art. 110.*
la totalité, ou plus grande
partie de leurs biens, est
reputée inofficieuse & frau-

duleuse, & ne doit, tenir au préjudice des autres enfans.

Art. 267.   Pere & mere peuvent en mariant leurs enfans, leur donner pour tous droits successifs, ce que bon leur semblera, & les faire renoncer à leurs successions futures; laquelle renonciation vaudra & tiendra, pourvû que la Legitime leur soit gardée ; autrement pourront être relevez de ladite renonciation par eux faite : preuve que j'ay eu raison de dire que ceux qui n'avoient pas

a *In his donationibus simul junctis defraudandi animus præsumitur.* Faber. in Cod. Defin. 3. & 7.

assez reçu, pouvoient demander le surplus de leur Legitime; & où lesdits pere & mere, en faisant lesdites donations, auroient par trop avantagé leursdits enfans, de sorte que la Legitime ne fût gardée aux autres, en ce cas seront lesdites donations réduites & modérées, en maniere que la Legitime soit gardée & reservée aux autres : pour laquelle Legitime on aura égard au temps du decés desdits pere & mere.

N'est-ce pas là une Traduction de la Novelle 92. Les donations seront rédui-

tes, & moderées ; n'est-ce
pas, *propter factam in dona-*
tionibus immensitatem : eu é-
gard au temps du deces,
n'est-ce pas, *Ut non minus*
habeant illi quàm quod ex Le-
gibus eis debetur, antequam
substantia patris donationibus
exhauriretur.

Art. 270. Celuy ou celle à qui est
fait don par mariage, ou
autrement, à charge de rapport, peut, si bon luy sem-
ble, se tenir à ce qui luy a
été donné, sans venir à la
succession en laquelle il
devoit rapporter ; en quoy
faisant, il demeurera quitte
dudit rapport, pourvû que

la Legitime soit gardée, comme cy-devant est dit; c'est par la réduction & moderation des donations: celuy ou celle est aussi singulier, si l'on veut; mais qu'on le prenne comme on voudra; ce terme est toûjours universel, dés qu'on ne le fixe point par celuy de dernier, ou par quelqu'autre marque, qui fasse connoitre qu'on l'a voulu restraindre à quelque donataire en particulier.

Pere & mere ne peuvent Nivernois avantager par donation Art. 8. quelconque l'un de leurs enfans, au préjudice de la Le-

gitime des autres, & la donation autrement faite, est
reputée inofficieuse, & doit
être revoquée jusqu'à ladite
Legitime, & pour le surplus
vaudra.

Si un pere donne tout à un
enfant, il fournira seul, mais
s'il donne à plusieurs au-delà de leur portion integrale,
l'inofficiosité se rencontrera
dans cet excedent de por-
tion integrale ; mais ce
même excedent étant un
avancement d'hoirie, doit
contribuer en quelque part
qu'il se trouve, & jamais
la portion integrale du donataire, parce qu'elle n'est

Monnoie de donance faite en mariage.

point liberalité, mais payement de dette, ainsi elle
doit demeurer *illibata*, c'est-
à-dire franche, & pouuoir
être reuoquée.

Homme & femme tant
nobles que roturiers, ayant
plusieurs enfans, peuvent
marier aucuns de leurs enfans, & donner heritages ou
meubles, tels qu'ils verront
être à faire, en renonçant
à la succession desdits pere
& mere ; pourvû que la
chose ainsi donnée ne re-
vienne jusqu'à la Legiti-
me, car autrement en rap-
portant, pourroient venir à
la succession.

Je ne sçais pas comment

Montargis
art 1. ch. 13.
de donation
faite en Ma-
riage.

on a pû citer cette Coûtume, pour être d'avis que le dernier donataire fournira la Legitime.

Quoy un enfant dotté ayant même renoncé à la succession de celuy qui le dotte, peut partager égalément, en rapportant ce qui luy a été donné, s'il se trouve réduit à la Legitime, dans ce qui luy a été donné; & on en fera un argument, pour le dispenser de contribuer à la Legitime des autres. En verité, je ne sçais plus où il faut apprendre à raisonner; c'est justement tout le contraire.

SI pere ou mere, ayeul ou ayeule, ou autres ascendans, font à leurs enfans en faveur de mariage, ou émancipation, donation de biens, meubles ou imeubles ; telles donations font bonnes & valables, pourvû qu'elles ne soient immenses, & que la Legitime portion dûë à chacun des autres enfans, selon que cy-aprés sera declaré, soit reservée & gardée. *Si quis donationem immensam in aliquem aut aliquos filiorum fecerit.*

Si ladite donation est immense & excessive, les enfans & autres descendans en

Orleans
Art. 277.

Art. 278.

droite ligne desdits donateurs, le peuvent quereller
& faire reduire à la Legitime telle que dessus, & les
heritiers collateraux, en cas
qu'il n'y ait enfans, ou autres
descendans en droite ligne
desdits donateurs, la peuvent aussi quereller, selon la
disposition de droit. *Si quis
donationem immensam in aliquem aut aliquos filiorum fecerit, donatio immensa, immensitas in donationibus.*

Coûtume de Berry. Tous majeurs, hommes
& femmes usans de leurs
droits, ayans enfans, peuvent donner librement à
étrangers, la moitié de tous

& chacuns leurs biens, tant
meubles qu'immeubles, &
propres, & conquêts ; mais
non plus avant, en maniere
qu'ils seront tenus doréna-
vant, laisser la moitié entiere de tous leurs biens,
meubles & immeubles, pro-
pres & conquêts à leursdits
enfans: & s'ils avoient donné outre ladite moitié, ladite donation en ce qu'elle ex-
cedera, sera nulle, & de nul
effet & valeur.

Toutefois pourront les
pere & mere, & chacun
d'eux, donner librement à
l'un, ou plusieurs de leurs
enfans, leursdits biens meu-

bles & immeubles, propres
& conquêts, en laissant la
Legitime telle que de droit
aux autres : pour le regard
de laquelle Legitime, si la
donation excede, sera re-
putée nulle, de nul effet
& valeur.

   Un ou plusieurs de leurs
enfans, la donation en ce
qu'elle excede, sera nulle,
de nul effet & valeur. *Dona-*
tio immensa, immensitas in do-
nationibus.

   Item. Quand aucun enfant est avantagé en mariage, ou autrement, par do-
nation entre-vifs par ses pere & mere, ou autre en li-

gne directe, tel avantage
se peut tenir au transport à
luy fait, sans qu'il puisse
être contraint venir à la succession, & retenir tel avantage; neanmoins tel avan-
tage, en soy tenant audit
avantage, sera tenu de suppléer à ses autres freres &
sœurs, jusqu'à la concur-
rence de leur Legitime, si
le reste desdits biens n'étoit
suffisant pour le supplé-
ment de ladite Legitime,
lors du decés du donateur,
& quant à ce, seront lesdits
biens donnez, & avantages
affectez & hypotequez jusqu'à la concurrence d'icelle
Legitime.

On voit que ces Coûtu-
mes, pour ordonner le fournissement de la Legitime
par tous les enfans dona-
taires, se sont servi les unes
du singulier seulement,
comme donation, donatai-
re, retranchement qui sont
termes generiques, & les
autres du singulier & du
pluriel indifferemment,
pour faire connoître qu'elles ne mettoient aucune difference entre donation &
donations, donataire & donataires, enfant & enfans,
celuy & celle, celuy & ceux,
& qu'elles prenoient leurs
dispositions, suivant l'efprit

prit de la Novelle 92. des termes de laquelle ils fai-
soient seulement une tra-
duction pour s'exprimer: *Si quis donationem immensam in aliquem, aut aliquos filio-rum fecerit, immensitas in do-nationibus*: & que ce four-
nissement étoit ordonné, par le *non valentibus filiis qui donationibus honorati sunt, di-cere contentos se quidem esse im-mensis his donationibus, videri autem abstinere paternâ hæredi-tate*, qui est le dispositif de la Novelle, où l'Empereur a repris le pluriel, pour ôter toute équivoque.

Il n'est permis à personne

de toucher à l'universalité
d'un terme reconnu universel ; & si le mot de celuy ne
l'etoit pas ; jamais les Arrests des de S. Vaast, & des
Faveroles , n'auroient été
rendus : & si la seule definition des donations en avancement d'hoirie ne décidoit
pas la question , nous n'au-
rions pas celuy des Brinons,
car l'article 307. n'a été
ajoûté à l'ancienne Coûtume , que pour les raisons
que j'ay expliquées au commencement du Traité : par
quelle fatalité le mot de celuy , employé dans cet article , deviendra-t-il donc

particulier, dans le même
temps que ses freres, aucun,
donataire, enfant, fils,
il, mort, vif, hoirs, proche, habile, degré, repre-
sentation, oncle, tante,
chef, rapport, chose, propre, heritage, succession,
pere, mere, ayeul, ayeule,
employez dans les articles
300. 301. 305. 306. 308. 309.
310. 311. 312. 313. 314. 315. 316. 317.
318. 319. 320. & autres de la
Coûtume de Paris, qui parlent des successions, conser-
veront leur universalité,
dans le temps que le mot
d'enfans qui est commun,
est pris indifféremment

en pluriel, dans ceux du
même titre que je ne cite
point, & que les termes de
pere & mere, ayeul & ayeule, oncle & tante, n'y sont
jamais exprimez qu'en singulier.

CHAPITRE IV.

Preuves de la Contribution à
la Legitime, par tous les
enfans donataires par l'art.
318. de la Coûtume de Paris.

LE mort saisit le vif,
son hoir plus proche
& habile à luy succeder.
Ainsi les enfans dona-

taires sont saisis de cette qualité d'heritiers, même sans apprehension de fait, aussi bien que tous les au-tres qui n'ont rien reçû.

Les donataires convien-nent que ceux qui n'ont rien reçû, ou qui n'ont pas reçû assez, peuvent prendr e ce qui reste *ab intestat*, pour leur Legitime : cet aveu prouve la contribution; ils sont en qualité d'enfans sai-sis de ce qui reste, tout de même que les Legitimaires, & c'est contribuer que d'ê-tre obligé de se dessaisir en general: ils ne se dessaisis-sent pas l'un aprés l'autre,

mais dans le même instant,
de sorte que les Legitimaires n'ayant pas dans cet
instant momentané, ce
qu'il leur faut pour leur Legitime, il ne s'agit plus
que d'un supplément; & ce
supplément se doit faire
dans le même moment qui
a réüni toutes les donations
à ce qui a resté *ab intestat*,
par la regle que le mort
faisit le vif; donc l'abstention de l'heredité ne peut
être intermediaire entre la
regle, & le fournissement
entier de la Legitime.

Aussi d'Argentré vou-
lant chercher la quotité de

la portion hereditaire, dit
qu'il faut attendre le decés
de celuy de la succession
duquel il s'agit, que la force du Contract de donation
s'eteint avec la vie du donateur : qu'il ne faut pas con-
siderer pour la mesure de
cette portion, ce que le donateur avoit de biens lors
qu'il a donné, mais ce qu'il
en avoit lorsqu'il est mort.
Que l'unité du temps, c'est-
à-dire, ce point fixe du decés ne fait qu'un acte de
plusieurs, par la réunion
des donations à ce qui reste.
c'est pour cela qu'Accurse
a dit, que dans le cas de

la Legitime, les premieres
donations ſe réuniſſent aux
dernieres; mais que ſi-l'in-
officioſité n'eſt cauſée que
par des dernieres donations
faites à des étrangers, on
les retranchera ſucceſſive-
ment, en commençant par
la derniere, Jean & Antoine
Faber ſont de même ſenti-
ment; & la Coûtume de
Paris ne peut être contraire
à cette maniere, de faire la
détraction qui eſt tres-ju-
dicieuſe.

Lorſqu'elle dit que la Legitime d'un enfant ſera de
la moitié de ce qu'il auroit
eu, ſi ſon pere n'avoit diſ-

poſé

posé par donations entre-
vifs, ou derniere volonté,
elle n'a pas voulu parler des
enfans en general, ni sup-
poser que le pere est si fort
maître de ses biens, qu'il
puisse disposer de la moitié
en faveur d'un étranger,
& ne laisser qu'une autre
moitié à tous ses enfans;
mais elle a simplement parlé dans le cas ordinaire d'un
enfant, ou de quelques enfans en particulier, à cause
du privilege de l'abstention
qu'elle alloit accorder aux
donataires, sauf la Legitime des autres; car à l'égard
de l'autre cas qui est odieux,

elle s'en est reposée sur la
pieté paternelle ; *nec enim*
fas est ejusmodi casus expe-
ctare.

Supposant donc ce cas
ordinaire, comment peut-
on autrement que par la
contribution, & par la distinction du partage égal ou
inégal, accorder les contra-
dictions apparentes des maximes generales de la Coûtume.

Tout ce qui est donné,
est donné en avancement
d'hoirie ; le mort saisit le
vif ; nul n'est heritier qui ne
veut : tout donataire peut
s'abstenir de la succession,

neuf la Legitime : il n'y a
qu'à separer dans ces propositions, ce qu'il a d'universel d'avec ce qu'il y a
de particulier ; & l'on verra
que toutes ces maximes
ont une harmonie parfai-
te, suivant l'esprit universel
de la Coûtume.

Par exemple, celle qui
dit que le mort saisit le vif,
suppose que l'heritier pré-
somptif acceptera la succession ; mais elle n'impose
pas la necessité de s'immis-
cer, c'est-à-dire faire acte
d'heritier; c'est ce qui est
expliqué par celle qui dit,
que nul n'est heritier qui

ne veut, qui rend la pre-
miere conditionelle; mais
celle qui dit que nul n'est
heritier, qui ne veut, ne
peut être generale & uni-
verselle qu'à l'égard des
collateraux, ou des enfans
qui n'ont rien reçû; car
celle qui dit que le mort
saisit le vif, étant jointe à
la proposition universelle
que meubles & immeuble
donnez par pere & mere
font reputez donnez en
avancement d'hoirie, de-
vient universelle, particu-
liere pour tous les enfans
qui ont reçû, & les necessité de maintenir la qualité

d'heritiers, qu'ils ont prise
du vivant de leur pere, en
s'immiſçant & en acceptant
des dons en avancement
d'hoirie, & par conſequent
les oblige tous de partager
également ou inégalement.

La propoſition qui dit,
que celuy à qui on aura
donné, peut s'abſtenir de la
ſucceſſion, & ſe diſpenſer
de rapporter, ſauf la Legitime des autres, eſt une
propoſition abſoluë & uni-
verſelle pour tous les enfans donataires, conſide-
rez comme heritiers ſaiſis;
& c'eſt un privilege atta-
ché à chacun d'eux, dont

on ne peut exclure aucun de ceux qui sont compris dans le privilège, parce qu'ils sont tous également héritiers saisis.

Si pour priver les derniers donataires de ce privilège de l'abstention, on objecte la datte des Contracts & la garantie ; j'oppose la définition des donations en avancement d'hoirie, qui est une regle universelle à l'égard de tous

a Nulla Juris ratio aut aquitatis benignitas patitur, ut qua salubriter pro utilitate hominum introducuntur, ea nos duriore interpretatione contra ipsorum commodum producamus ad severitatem. L. 25. ff. de Leg.

Quod favore quorumdam constitutum est, quibusdam casibus, ad lasionem eorum nolumus inventam videri. L. 6. Cod. de Leg.

les enfans donataires, qui
les fait tous heritiers, legitimaires, ou autres. J'oppose le privilege de l'abstention de l'heredité, qui est
une autre regle universelle,
& commune à tous les en-
fans donataires; de sorte,
qu'étant toutes deux également universelles, la condition du fournissement de
la Legitime, qui est aussi
étenduë que la disposition
de la Loy où elle est inserée,
ne peut attaquer une uni-
versalité plus que l'autre, &
ce fournissement doit se
faire par contribution.

CHAPITRE V.

Derniere preuve de la Contribution, à la Legitime par tous les enfans donataires par la Loy 29. au Code, au titre des Testamens inofficieux.

CETTE Loy est de l'Empereur Zenon, & son motif est la Novelle de l'Empereur Leon, rangée pour Loy 17. au titre des Rapports.

L'Empereur Leon avoit ordonné, que lorsqu'il s'agiroit d'un partage, tous les enfans ou petits enfans mâles & femelles, les éman-cipez aussi bien que ceux qui ne l'étoient pas, rap-porteroient tout ce qu'ils auroient reçû de leurs peres ou ayeuls.

Il s'agissoit du temps de l'Empereur Zenon, de sça-voir, si on imputeroit à l'enfant legitimaire, ce qu'il avoit déja reçû. Cet Empe-reur voyant que le four-nissement ou supplément de la Legitime est un veri-table partage, quoyqu'iné-gal, dit, que puisque Léon a ordonné le mélange ou rapport des donations, lors

qu'il s'agit de partager également ; par la même rai-
son, lors qu'il s'agira d'un
partage inégal, c'est à dire
du fournissement de la Legitime, on doit y faire entrer ce que le Legitimaire
a déja reçu ; de sorte que s'il
refuse de rapporter, on le
luy imputera sur sa legitime.

Parce que, dit-il, l'Em-
pereur Leon a ordonné par
une de ses dernieres con-
stitutions, que le fils rap-
porteroit la donation à luy
faite avant son mariage,
ainsi que la fille est obligée
de rapporter sa dot ; par la

même raison, nous ordon-
nons que dans le cas du
fourniſſement de la Legi-
time, le fis ou la fille legitimaire imputeront ſur leur
Legitime, ce qu'ils auront
reçû, & que puiſque les
enfans, petits enfans, ou
arriere-petits enfans ſont
obligez de rapporter & mê-
ler enſembler leurs dona-
tions, pour le fourniſſement
de la Legitime; ils pour-
ront imputer aux legiti-
maires, ce qu'ils auront
déja reçû, ſoit pour ſe mettre à couvert du fourniſſement entier de la Legitime,
ſoit pour le diminuer d'autant.

Voila ce a quoy M. Ri-
card devoit faire attention,
ainsi l'imputation n'est
faite aux Legitimaires,
qu'à cause de la necessité
du rapport de toutes les
donations ; ainsi si le rapport est effectif, la Legitime se prend sur la masse,
& s'il n'est fait que par fiction, on impute au legitimaire donataire: les raisons
sont égales de part & d'autre, rapportez, vous repren-
drez ; ne rapportez pas, on
vous précomptera.

Mais les termes de cette
Loy ne peuvent être impri-
mez en assez gros caracteres.

Quoniam novella constitutio divi Leonis ante nuptias donationem à filio conferri ad similitudinem dotis quæ a filia confertur, præcepit : etiam ante nuptias donationem filio in quartam præcipimus imputari. Eodéque modo cùm pater, vel mater pro filia dotem, vel pro filio dotem ante nuptias donationem, vel avus paternus aut maternus, vel avia paterna aut materna, pro sua nepte, aut pro suo nepote, vel proavus itidem paternus, aut maternus, vel proavia paterna, aut materna, pro sua pronepte, vel pro suo pronepote dederit : non tantùm eandem dotem vel donationem conferri, verumetiam *in quartam partem ad excludendam inofficiosi querelam, tam dotem datam quàm ante nuptias donationem præfato modo volumus imputari, si ex substantia ejus profecta sit, de cujus hæreditate agitur. Dat. Kal. Maii, ipso à* 11. *Consf.* 279. Je ne crois pas qu'on puisse m'accuserd'avoir mal traduit cette Loy; il suffit pour traduire correctement, d'avoir bien compris le sens de son Auteur, pour le rendre fidellement dans sa langue maternelle, lorsque le tour des langues est different.

Auparavant que de finir

ce Chapitre, on ne sera
peut-être pas fâché de voir
le fondement de cette Loy.
M. Cujas nous l'apprend
dans sa consultation 24.
La Legitime par l'ancien
droit, ne se prenoit que
sur les biens restez au decés du pere, & le legiti-
maire donataire n'étoit
point obligé d'imputer sur
sa Legitime les donations
qui luy avoient été faites,
à moins qu'il n'y eût une
clause expresse pour cela ;
c'est l'espece de la Loy, *etiam
si ff. de inofficioso Testamento*,
qui est du Jurisconsulte
Modestinus.

La raison de cet ufag
venoit, de ce que les en
fans dotez gardoient leur
donations fans rapporter,
lorfqu'ils partageoient le
furplus des biens de leur
pere ; ainfi la Legitime ne
fe mefuroit point fur les
biens donnez ; par confe
quent il n'y avoit point
d'imputation, mais le nou
veau droit ayant ordonné
les rapports de ce qui a été
donné, lorfqu'il s'agit de
partager les biens demeurez
au decés ; cela a conftitué la
nature des donations tou
te autre qu'elle n'étoit au
paravant ; & au lieu que par

l'ancien

ancien droit, comme dit
M. Cujas, tout ce qui étoit
donné, étoit censé être hors
du patrimoine du pere ; les
donations par le nouveau,
sont reputées faites presqu'à
cause de mort ; *quasi mortis
causâ*, c'est-à-dire, en avancement d'hoirie ; par consequent sujettes à l'imputation sur la Legitime ; par
consequent sujettes au fournissement de la Legitime :
car l'imputation sur la Legitime est un rapport. On
voit donc que la nature de
la donation faite par un pere à son fils, est entierement changée par le nou-

veau Droit, qui ordonne
les rapports, & qui la cara-
cterise, donation en avancement d'hoirie; par con-
sequent imputation sur la
Legitime; par consequent
rapport de toutes les autres
donations pour le fournissement de la Legitime.

Lorsque le Droit est changé, les especes changent, &
l'on doit les assortir à ce
changement.

Par quelle nouvelle Ju-
risprudence voudroit-on
donc aujourd'huy se servir
du nouveau Droit, pour
faire tenir compte au legitimaire de ce qu'il a reçû,

& difpenfer les donataires
de l'obligation où ils font
par ce nouveau Droit, de
rapporter tous pour le fourniffement de la Legitime?
N'eſt-ce pas avoir deux
poids & deux mefures? Un
pere ne peut pas aujourd'hy
en dottant un de ſes enfans,
ſtipuler de luy, qu'il ne de-
mandera point le fupplé-
ment de fa Legitime, parce
que c'eſt une clauſe contre
les bonnes mœurs : par la
même raiſon, un fils en
acceptant une donation de
ſon pere, ne peut pas éxi-
ger de luy, qu'il ne ſera
point tenu de rapporter

une partie de ce qu'il reçoit,
pour contribuer à la Legitime. C'est ce qui m'a fait
dire dans le Traitté, que
tout ce qui n'est point exprimé dans un Contract,
y est compris tacitement,
lorsque cela regarde le
Droit naturel : la raison
souveraine de tout cela
vient, de ce que les émancipez ayant été admis à
partager le surplus des
biens de leur pere, & les
donataires obligez d'imputer sur leur Legitime, ce
qu'ils ont reçû ; tous les
donataires sont unis au
point du decés de leur pere,

pour trouver la mesure de
la portion integrale, sans
laquelle on ne peut trouver
celle de la Legitime; & c'est
ce qui a fait dire à l'Empereur Zenon, qui ne son-
geoit qu'à tenir la balance
égale dans le fournissement
de la Legitime; que puisque
toutes les donations se con-
fondoient pour le faire,
les legitimaires seroient
obligez d'imputer, s'ils ne
vouloient pas rapporter.

On voit donc par l'espe-
ce de cette Loy, que les
donataires ne refusoient
pas de contribuer, & qu'au
contraire, ils se servoient

de l'offre de la Contribution, pour obliger les légitimaires à imputer.

On voit encore que ceux-
cy ne refusoient d'imputer,
que parce qu'ils vouloient
se maintenir dans le privilege de l'ancien Droit qui
les en dispensoit; mais
que le nouveau Droit ayant
consideré les donations
d'un pere à ses enfans, suivant l'idée simple que la
nature en presente à l'esprit, les legitimaires sont
obligez d'imputer, parce
que les autres sont obligez
de fournir; enfin parce
qu'il faut composer une

masse, ou effective, ou de fiction, & que c'est à la masse à faire le fournisse-ment, imputation au legi-timaire, si le rapport est fictif: reprise effective par le legitimaire, si le rapport a été réel.

Que si quelqu'un vou-loit douter que cette Loy ordonnât la Contribution à la Legitime, on le prie de faire les reflexions sui-vantes.

La premiere, qu'elle est au titre des Testamens in-officieux, & du nombre de celles qui ne cherchent qu'à pourvoir au fournissement.

La seconde, que tous les donataires étans obligez de rapporter, ils ont droit de faire tenir compte aux légitimaires donataires, de ce qu'ils ont reçû, sur la succession duquel il s'agit, *Si ex substantia ejus profecta sit de cujus hæreditate agitur.*

La troisiéme, c'est que le fournissement de Legitime, est un veritable partage de succession, *de successione agitur.*

Et la quatriéme & derniere, c'est que ces termes de fils, de fille, de petit-fils, petite fille, arriere-petit fils, arriere-petite fille,

font

font termes univerſels, dont
chacun comprend toutes les
eſpeces que le genre enfer-
me, & qui ſont liez neceſ-
ſairement à la ſouche commune, comme d'un pere,
d'un ayeul, d'un triſayeul.

On ne manquera pas de
m'objecter que je fais une
petition de principe, & que
tous les donataires ne ſont
obligez de contribuer que
lorſqu'ils acceptent la ſucceſſion, & qu'ils offrent de
partager.

Je réponds à cela que les
Loix s'expliquent les unes
par les autres, ſuivant les
rapports qu'elles ont entre

elles. a Justinien a si bien compris l'idée des Empereurs Leon & Zenon, qu'il a déclaré par sa Novelle 92. que tous les donataires malgré le privilege de l'abstention de l'heredité, & dont ils jouïssoient long-temps avant luy par le benefice du Préteur, étoient véritablement heritiers de leur pere, dans le cas du fournissement de la Legitime : donc succession, donc rapport de toutes parts.

II. PARTIE.

CHAPITRE I.

Ou on tâche de prouver la Contribution à la Legitime par tous les donataires, soit enfans, soit étrangers, par les Loix du Code au Titre des donations inofficieuses.

NOus ne voyons point point dans le Digeste, de Titre qui parle des donations inofficieuses ; mais nous en trouvons un qui parle des Testamens in-

officieux ; c'eſt une préſom-
ption non ſeulement tres-
forte , mais convaincante
en fait de mœurs , & que
les peres ne ſe dépouilloient
pas de leur vivant , & qu'ils
faiſoient acheter bien cher
aux émancipez leur éman-
cipation.

La nature ayant par la
ſuite repris ſes droits par la
permiſſion qu'on donna
aux émancipez de ſuccéder
à leur pere, auquel on enjoi-
gnit de les inſtituer héritiers , ou de les exhereder
nommément ; les peres s'a-
viſerent de donner entre-
vifs , voyant que cette puiſ-

sance absoluë de disposer à leur fantaisie de leurs biens par un Testament, étoit cassée & annullée; ils aimerent mieux se dépoüiller, que d'obéir à une Loy qui venoit leur presenter l'équité, mais comme l'expedient qu'ils choisirent, étoit inventé pour parvenir à la même fin; c'est aussi la veritable cause des Loix qui parlent des donations inofficieuses au Code de Justinien.

Le peu de Loix qui composent ce titre, & l'intervalle des temps où elles ont été renduës, est une preuve convaincante, qu'il n'étoit pas d'usage aux donataires, de refuser le fourniſſement de la Legitime.

La premiere qui les y condamne eſt de l'année 246.

La ſeconde, de l'année 257.

La troiſiéme, de l'année 258.

Les quatre, cinq, ſix, & ſeptiéme, de l'année 286.

La huitiéme, de l'année 294.

Et la neuviéme, & derniere, qui confirme & qui declare l'intention de toutes les autres, eſt de l'année 361.

Et depuis cette Loy juſ-
qu'à la Noſvelle 92. de Juſtinien, ſe ſont écoulez les
regnes de vingt-cinq Em-
pereurs.

Reflexions ſur ces Loix.

La premiere qui eſt de
l'Empereur Philippe, avoit
été precedée d'une autre de
l'Empereur Alexandre Se-
vere, & qui eſt inſerée en
la Loy *Titia* 87. §. *Sed Imperator. D. de legat.* 2. par cette
premiere Loy, les étrangers
& les enfans qui ſe vou-
loient faire conſiderer comme tels, à cauſe de leur
emancipation, voulurent

se dispenser de ce fourniffement, ils y furent condamnez ; la raifon de leur con-
damnation eft prife dans la
nature ; il faut reftituer aux
Legitimaires ce qui leur appartient ; & l'étranger pour
cela ne doit pas être de
meilleure condition que
l'enfant, ni l'enfant de meilleure condition que l'étranger : onze années après un
emancipé voulut encore objecter fa qualité d'étranger,
il y fut condamné.

L'année fuivante la mê-
me queftion fut décidée
en faveur de certains en-
fans, aufquels on objectoit

qu'ils avoient été instituez
heritiers de leur pere par
son Testament, & la Loy
en leur accordant le sup-
plément de leur Legitime,
declaré que la raison de l'é-
quité, ne permet pas que
sous le pretexte d'une fri-
vole institution d'heritier,
on puisse reduire des enfans
à se contenter de ce que le
pere laisse au jour de son
decés, & qu'independam-
ment de cette institution,
il leur faut leur Legitime
entiere : les termes de cette
Loy sont une veritable mo-
querie, de l'expedient des
peres pour frauder la Loy,

une inſtitution chimerique
d'heritiers, pour maintenir
des donations inofficieuſes.

La quatriéme ne regarde
la queſtion qu'oblique-
ment, & nous fait connoître
qu'une donation faite par
un fils, dans l'affectation
de priver ſon pere du droit
que la Loy poſitive luy
donne ſur ſa ſucceſſion, ſera
caſſée & annullée pour le
tout, au lieu d'être retran-
chée ſimplement pour la
Legitime du pere. En l'année 286. c'eſt-à-dire, vingt-
neuf années aprés, la queſtion ſe rechauffa, elle eût
le même ſort, & c'eſt pour-

A quoy nous voyons quatre loix de cette année.

Les donataires se teurent pendant huit années, comme nous le voyons par la datte de la huitiéme de ces loix : pendant soixante-sept années regna le même silence : cela se justifie par la datte de la neuviéme & derniere du Titre, qui est de l'an 361. & depuis cette loy, jusqu'à la Novelle 92 de Justinien, on compte les regnes de vingt cinq Empereurs.

Il est vray que j'ay cité la loy de l'Empereur Zenon, qui precedoit Justi-

nien; mais comme elle est
au Titre des Testamens inofficieux, & faite bien long-
temps aprés la derniere des
loix du Code qui parlent
des donations inofficieuses,
car il y a une espace des regnes de vingt-un Empe-
reurs; je n'en parleray icy
que pour faire souvenir les
Lecteurs, qu'elle a ordonné
en termes exprés la contribution à la legitime, par
tous les enfans donataires.

Quelle étoit donc la
doctrine constante sur cette
matiere, pendant de si longs
intervales de temps? il faloit
bien que l'usage fût cer-

rain, l'obligation de fournir la legitime étoit certaine : les peres de ces tems-
là, aussi bien que ceux de
celuy-cy, avoient soin d'é-
tablir & marier leurs en-
fans : de tout temps ils ont
été sujets à l'inconstance de
la fortune, ou prévenus de
sentimens de prédilection ;
ainsi l'occasion du fournissement de la legitime, n'é-
toit pas un cas qui deût
être rare : d'ailleurs l'envie
de retenir ce qu'on croit
posseder legitimement, est
une prétention si juste & si
raisonnable, que si com-
munément les donataires

euſſent crû pouvoir ſe diſpenſer de ce fourniſſement,
on n'auroit pas manqué de
faire ſouvent des loix pour
les y condamner ; cepen-
dant il n'y en a que dix.
De la premiere juſqu'à la
neuviéme, il y a cent quinze années de difference, &
de cette Loy juſqu'à la Novelle 92. l'intervalle des regnes de 25. Empereurs, &
le temps du commence-
ment du regne de Juſtinien
juſqu'à celuy où il fit la
Novelle, qui doit être tres-
conſiderable, ſans qu'aucun
donataire ait pendant tous
ces temps, refuſé de fai-

re ce fourniſſement. C'eſt
donc une preuve manifeſte,
que le refus étoit tres-rare,
puiſque l'occaſion de fournir devoit être commune.

Or je ſoûtiens que lorſ-
que les donataires ont été
condamnez de faire ce fourniſſement, ils l'ont dû faire
par contribution, par la ſeule raiſon qu'ils y ont été
condamnez indiſtincte-
ment. Si les premiers do-
nataires qui voyoient qu'on
meſuroit la quotité de la Legitime ſur leurs donations,
parce qu'on vouloit retrancher la partie inofficieuſe,
euſſent crû pouvoir empê-

cher ce retranchement par
une garantie de leurs donations contre les derniers,
ils n'auroient pas manqué
de propoſer leur exception ;
ils ne ſe ſeroient pas laiſſé
condamner , & nous au-
rions des Loix qui auroient
ſtatué ſur cette garantie, qui
les en auroit déchargé , &
qui auroient condamné les
ſeuls derniers donataires :
nous n'en voyons point qui
faſſe cette diſtinction, nous
en voyons au contraire qui
les condamne tous : que
peut-on conclure de-là , ſi
ce n'eſt que ces Loix n'ont
declaré leurs donations ſu-
jettes

jettés au retranchement, que parce qu'elles les ont consideré comme étant tou- tes inofficieuses, non d'une inofficiosité qui pût avoir quelque rapport à l'irrevo- cabilité ou garantie préten- duë des donations entre- vifs, puis qu'elles entrent toutes en masse, pour trou- ver la quotité de la Legiti- me; mais d'une inofficiosité répanduë proportionelle- ment sur toutes les parties qui composent la masse, à cause du rapport qu'a leur jonction, avec l'expedient des donations entre-vifs, dont l'irrevocabilité de ce

M

temps-là valoit bien l'hypoteque de celuy-cy pour la
garantie.

C'est ce qui a fait dire
à Faber sur le Code au titre
des donations inofficieu-
ses, que quoyque toutes
ces donations prises sepa-
rément n'ayent point le caractere d'inofficiolité, par
rapport au temps où elles
sont faites, eu égard à ce
qui reste de biens au do-
nateur, ou à l'esperance
qu'il peut avoir d'en ac-
querir ; cependant étant
toutes rassemblées, à cause
du temps du decés qu'il
faut attendre, on y présu-

me par l'inofficiosité de
leur valeur prise en general, l'envie de frauder les
loix qui ont voulu assurer
la quotité & le fournissement de la Legitime, telle
qu'elle seroit deuë au moment du decés du pere. Pe-
rezius, Cujas, du Moulin,
d'Argentré, Mornac, du
Plessis, & tous les autres
Auteurs que j'ay citez
n'ont pas eu d'autre idée;
je devois même nommer
d'abord les décisions des
Réformateurs de la Coû-
tume de Paris, & ces Ar-
rests celebres qui ont si
bien declaé leurs inten-
tions.   M ij

Que fert-ildoncaujour-
d'huy de dire qu'il n'y a
point de loy qui parle de
la maniere dont se fera la
détraction de la Legitime,
& sur ce fondement pren-
dre pour maniere de la détraction de la Legitime,
tantôt l'irrévocabilité, tantôt la garantie qu'on suppose dans les donations ? A-
t-on besoin de loix pour
cela, lorsqu'on voit tous les
donataires condamnez ?
Les Romains étoient trop
attentifs à leurs interests
pour ne pas faire décider
une difference si considerable. Si les Empereurs qui

ont fait ces loix en avoient
voulu dispenser quelques
donataires, ils n'auroient
eu garde de mesurer la Légitime sur leurs donations:
mais je suppose pour un
moment, que les premiers
donataires ont une action
de garantie contre les derniers, la premiere chose
qu'il faut faire n'est-ce pas
de fournir la Legitime,
c'est-à-dire, pourvoir aux
alimens des enfans? ainsi
s'il y a une garantie à pretendre, elle ne peut être que
reciproque, puisque le pere
n'a pas moins garanti au
premier qu'au dernier, &

par consequent il n'y a pas d'autre moyen de mainte-nir & cette irrévocabilité & cette garantie, qu'en faisant une nouvelle divi-sion des biens du pere, sui-vant la quotité qu'aura la Legitime à son decés par rapport aux biens laissez & donnez.

CHAPITRE II.

Preuves de la contribution à la Legitime par l'ordre des temps.

PEut-on douter un mo-ment de cette contri-

bution en suivant le pro-
grés de la question par l'ordre des temps.

Par l'ancien Droit, les
émancipez n'avoient point
de Legitime à pretendre, le
nouveau la leur accorde,
& non seulement elle la
leur accorde, mais elle leur
permet de faire casser le
testament de leur pere s'il
ne fait aucune mention
d'eux.

Par l'ancien Droit, é-
manciper un enfant sans
être obligé de luy donner
aucune chose, sans qu'il
pût demander aprés le de-
cés de son pere des alimens

fur fa fucceffion, étoit une
action permife. Le nouveau
Droit corrige cette rigueur
qui a duré tant de temps,
il remet les chofes dans
l'ordre naturel, il oblige
les enfans reftez dans la
puiffance paternelle de partager avec ceux qui en font
fortis les biens qui leur ap-
partenoient à eux feuls, &
ceux qui en font fortis, &
qui par l'ancien Droit n'a-
voient pas même une Le-
gitime à pretendre, vou-
dront fe difpenfer non feulement de partager, mais
encore difputer entre-eux
à qui fournira la Legitime

à ceux qui ne leur en de-
voient point, en verité cela n'est pas supportable.

De sorte que si ce sont
des enfans seuls qui refu-
sent de contribuer, je me
sers de la loy de Zenon, qui
ordonne l'imputation au
legitimaire, à cause de la
necessité de la contribution
par tous les donataires ; je
me sers de la Novelle 92. qui
les declare heritiers de leur
pere, & qui leur impose la
necessité de l'être : si ce sont
des étrangers & des enfans
tout ensemble, je me sers de
la Loy, *Si ut allegatis*, qui est
la premiere du titre : & si ce

N

font seulement des étran-
gers, je me fers de la même
loy, qui leur fait l'hon-
neur de les mefler avec les
enfans, & de les confide-
rer comme membres de la
famille, puifqu'ils en ont
partagé les biens; & s'ils
refufent de contribuer, je
ne puis m'empêcher de les
taxer d'ingratitude envers
leur bienfaiteur, en refu-
fant de contribuer aux alimens de fes enfans dont ils
poffedent le bien, fur lequel ils n'ont de droit que
par l'imprudence du pere,
& prenant les fentimens
que les enfans doivent a-

voir dans cette occasion, je diray avec le Prophete, *hæreditas nostra versa est ad alienos.*

Or si les étrangers ne peuvent faire ce refus sans perdre le fruit de leurs donations à cause de l'ingratitude ; comment des freres le feront-ils (ce refus) sans faire rougir la nature ? [a] y a-t-il une plus juste cause d'exheredation ? Les enfans restez dans la puissance paternelle étoient autrefois les mieux partagez ; l'ambition fait que les peres donnent trop, l'envie de retenir a inventé la force &

N ij

[a] *Necessitudinis infinita est æstimatio.* L. *non est.* D. *de reg. jur.*

la garantie des contrats arc-
boutans de l'ambition & de
l'avarice ; ainſi les enfans
legitimaires ſeroient obligez de dire avec le Pſal-
miſte , *extraneus factus ſum
fratribus meis , & peregrinus
filiis matris meæ :* mes freres
me regardent comme un
étranger & un inconnu,
quoyque la même mere
nous ait tous mis au mon-
de, ſi Dieu n'avoit ſuſcité
dans tous les temps des a-
mes vigoureuſes & pleines
de ſon eſprit pour reſiſter
autant qu'ils pourroient au
torrent de la corruption des
mœurs. Un pere, un ayeul,

un bisayeul peuvent revo-
quer les donations qu'ils
ont faites à des enfans, en faveur desquels ils ont renoncé à leur puissance paternelle. Ils la reprênent, cette puissance, lorsqu'un donataire se
rend coupable d'ingratitude ; qu'on fasse revivre ces
chefs de famille , qu'on les
constituë encore juges entre leurs enfans , qu'un donataire, quel qu'il soit, refuse en leur presence de contribuer aux alimens de ses
freres sous le pretexte d'u-
ne garantie : quels mouve-
mens d'indignation ces peres ne sentiroient-ils pas

s'élever dans leur cœur ? S'ils vouloient user de leur puissance, ne revoqueroient-ils pas leurs bienfaits ? la moindre peine qu'ils pourroient imposer au donataire, ne seroit-ce pas de ne l'obliger qu'à la contribution à la Legitime ? que si ces donataires étoient étrangers, ne feroient-ils pas casser leurs donations ? refuser de contribuer aux alimens des enfans de son bienfacteur, n'est-ce pas luy en refuser à luy-même, & par conséquent tomber dans la privation de la donation prononcée contre les ingrats ? eût-il fallu qu'un donateur, tombé dans la pauvreté, eût été obligé d'aller difcuter le dernier de ceux aufquels il auroit fait du bien ?

Qu'aprés cela on me faffe des diftinctions par les differentes qualitez des perfonnes, & les dattes des Contracts ; je me ferviray de la derniere Loy du Titre, qui déclare l'intention de toutes les autres, en difant, que dans tous les temps, les effets doivent être femblables, lorfque la caufe qui les produit eft la même ; que c'eft la doctrine & l'ufage

de tous les temps ; que par
conſequent les donations
faites entre-vifs ſeront re-
tranchées pour raiſon de la
legitime, de la même ma-
niere que celles faites par un
Teſtament : le ſens propre
& naturel des autres Loix
du Titre, ordonne cette
contribution par ces termes
qu'elles repetent toûjours,
ad inſtar inofficioſi Teſtamenti,
ſur le modele des Teſta-
mens inofficieux. Je con-
viens qu'en ſoûtenant que
tous les étrangers donataires doivent contribuer à la
legitime, je travaille dans
un ſyſteme ſi metaphyſique

& si fort de speculation ,
qu'on n'en voit point d'e-
xemple dans la pratique ;
parce qu'un homme qui a
des enfans , renferme toute
sa tendresse dans sa famille,
& que s'il se trouve des donations faites hors d'elle,
ce sont plûtôt des récom-
penses de services reçûs ,
que de véritables liberalitez ; & en effet , pendant
cent quinze années , & les
regnes de vingt-cinq Em-
pereurs , il n'y a qu'une
seule Loy qui parle des
étrangers , encore est-elle
la premiere du Titre , &
renduë à l'occasion des do-

nations faites par une femme ; en tout cas, ce syſteme n'eſt pas le mien ; j'ay toûjours voulu prouver que ſi la quotité de la Legitime ſe meſure ſur leurs donations, il y a une partie de cette meſure, qui en retranche une de la donation pour le fourniſſement de la Legitime.

On trouvera peut-être le ſtile de ce Chapitre un peu vif ; c'eſt celuy de la verité, elle a ſes émotions & ſes coleres, que la Loy la plus rigoureuſe ne peut condamner. Je n'ay aucun deſſein de choquer perſonne, mais

j'ay crû que dans une ma-
tiere, où l'opinion contraire est si fort contre la droite raison & l'équité, de
l'aveu même de ses deffen-
seurs, la froideur du stile
auroit endormi les Lecteurs.
Splendentia & vehementia,
sed rebus veris. Ce n'est point
à la verité à plier sous l'erreur, mais à l'erreur de fuir
devant la verité.

CHAPITRE III.

Qui prouve la contribution dans le cas ordinaire des seuls enfans donataires.

JE reviens d'assez loin dans le cas ordinaire, qui est celuy des seuls enfans donataires , & j'essayeray de prouver la contribution par la seule définition de la Legitime , independemment de toutes les preuves que j'ay déja rapportées.

Mais pour cela il est bon d'examiner le droit que les enfans ont sur les biens de leur pere de son vivant ; &

cet examen bien entendu, prouvera la contribution, non seulement par rapport aux enfans, mais encore par rapport aux étrangers, supposé que le cas arrive.

I. Le Jurisconsulte Paulus a dit que les enfans sont conside-rez comme maîtres du bien de leur pere, même de son

a In suis hæredibus evidentiùs apparet continuationem dominii eo rem perducere, ut nulla videatur hæreditas fuisse, quasi olim hi domini essent, qui etiam vivo patre quodam modo domini existimantur: undè etiam filius familias appellatur sicut paterfamilias, solâ notâ hâc adjectâ, per quam distinguitur genitor ab eo qui genitus sit: itaque post mortem patris non hæreditatem percipere videntur; sed magis liberam bonorum administrationem consequuntur: hac ex causa, licet non sint hæredes instituti, dominí sunt: nec obstat quòd licet eos exhæredare, quòd & occidere licebat. L. 11. D. de liber. & post hæred. instituend. t. 2.

vivant, que ce n'eſt point
une ſucceſſion qu'ils reçoivent de luy, & qu'aprés ſa
mort ils entrent ſeulement
dans une plus libre admi-
niſtration d'un bien qui
leur appartenoit ; que le
fils de famille eſt un veritable pére de famille, auſſi
bien que ſon pere, & qu'on
ne l'appelle fils que pour le
diſtinguer de celuy dont il
a reçû la vie, qu'encore
bien que les enfans reſtez
dans la puiſſance paternelle,
ne ſoient pas inſtituez heritiers, ils ne laiſſent pas
d'être maîtres du bien de
leur pere, & que l'objection

qu'on pourroit faire du plus au moins, à cause du pouvoir que les peres avoient eu autrefois de les tuer, n'est pas une raison suffisante pour les exhereder, c'est-à-dire, les priver de leur bien.

Voilà sans doute la plus belle & la plus sage des Loix, que nous voyons dans le Digeste, parce qu'elle est dans le grand ordre de la nature. Lycurgue en avoit donné l'idée, a & Tacite nous apprend que les anciens Germains la sui-

a *Donare aliquid de suo nemini permittatur.*

voient. [a] C'eft auffi dans l'efprit de cette Loy, que Juftinien confiderant la nature de la donation faite par un pere à fon enfant, ne l'a pas regardée comme une liberalité, mais comme le payement d'une dette, que le pere avoit contractée avec fon fils par la nature. [b]

Or il n'y a que le decés

a *Hæredes, fucceßoresque fui, ejufque liberi, & nullum Teftamentum tacitè.* Do morib. Germanor.

b *In tàm enim neceffariis conjunctifque fibi perfonis, fub liberalitatis nomine debitum naturale perfolvitur.* Cod. de imponenda lucrativa defcriptione.

Debet natura is quem jure gentium dare oportet. L. cum ampliùs. 84. de reg. Jur. *donari videtur, quòd nullo jure cognofcere conceditur.* L. donari. 82. Cod.

f du pere qui puisse faire connoître si cette dette est entierement acquittée, ou si le
pere n'a point trop payé. Du
premier membre de cette
proposition, est venu le
droit accordé à l'émancipé,
de succeder au surplus des
biens de son pere, pour
achever de se faire payer
de cette dette naturelle.
Du second membre vient
la necessité de la contribution à la Legitime: car supposé que le pere ait trop
payé à chacun de ceux à
qui il devoit, les legitimaires qui sont ses heritiers,
n'entrent-ils pas dans ses

droits, pour se faire resti-
tuer ce qu'il a payé de trop
par l'action qu'on appelle
en droit, *condictio indebiti* :
Examinons quelle est donc
cette Legitime, sans perdre
de vûë cette Loy du Jurisconsulte Paulus.

La Legitime est une cer-
taine portion au dessous de
celle que l'enfant auroit eu
par la nature dans les biens
de son pere ; elle se mesure
sur tout ce qu'il laisse, &
ce qu'il a donné ; & le fournissement s'en doit faire par
une tradition effective d'effets, qui ayent appartenu
au pere. Voilà la quotité de

la Legitime, & voicy la nature de son action.

Monsieur Ricard con-
vient que le droit des legitimaires consiste en la chose;
par consequent les dona-
taires n'ayant point con-
tracté avec les legitimaires,
ceux-cy ne peuvent avoir
une action personnelle,
mais une action réelle sur
toutes les donations faites
par leur pere, suivant la
modification que la Loy
positive a faite de leur portion integrale; donc leur
droit étant *in re*, leur action
est *in rem.*

Donc si par la nature

j'aurois eu dix arpens de
terre dans une piece qui en
contient quarante; je suis
legitimaire, il s'agit de
prendre possession de cinq
arpens de cette terre : mes
freres & sœurs ont reçû en
mariage chacun quarante
mille livres, j'en aurois eu
dix dans chaque donation;
il faut donc que chaque
donataire me restituë cinq
mille livres, & cela parce
que du vivant de mon pere,
j'étois déja reputé maître
de ma portion integrale,
indivise & répanduë sui-
vant sa quotité dans toutes
les differentes especes de

biens qu'il a possedé. [a]

Cela nous fait connoî-
tre que l'action de la Legitime n'est point une action
hypotequaire ; que par consequent on ne peut jamais la
demander en entier à quelque donataire que ce soit,
enfant ou étranger, &
qu'elle ne se peut demander
que par contribution : c'est
ce qui a fait dire à Mon-
sieur Cujas, qu'à l'égard
des enfans, on n'avoit jamais lû nulle part, qu'on pût
entamer la portion virile
d'un donataire, & que les

a *Repletionem autem ex rebus substantiæ patris fieri.* L. 36. Cod. de inoff. Testam.

legitimaires devoient exercer leur action contre le premier & contre le second donataire ; *adversùs primum & secundum competet actio.* C'est ce qu'il dit en faisant l'Espece de la Novelle 92. de Justinien , qui n'avoit pas besoin d'explication ; & s'il avoit crû qu'il eût falu inquieter le dernier donataire avant le premier, il n'auroit pas dit, *adversùs primum & secundum competet actio* ; mais dans une matiere aussi importante , & où le doute est pire que la certitude que l'on cherche, il auroit dit, *adversùs secun-*

dum competet actio, & succes-
sivè adversùs primum.

Enfin que ceux qui soû-
tiennent l'opinion contraire, définissent donc ce que
c'est que la nature de la Legitime, & de son action ;
est-ce une action person-
nelle ? elle ne peut l'être ,
puis qu'il n'y a point de
contracts entre les donataires & les legitimaires ; elle
ne peut être non plus une
action hypotequaire par la
même raison ; car quand
même elle seroit telle, j'ay
prouvé plus haut que ce-
la concluroit directement
contre le premier donatai-

re évincé qui se trouveroit possesseur du seul immeuble hypotequé, sans qu'on pût avoir recours contre des donataires de deniers comptans , posterieurs à loy, de quelque droit qu'il se servît , soit de la force de son Contrat , soit du chef du legitimaire qui l'auroit évincé, parce que le legitimaire luy - même n'a aucun droit par hypoteque sur des deniers comptans.

Il faut donc que ce soit une action de partage , qui s'étende par le droit du sang sur les immeubles & sur les deniers

deniers comptans indiffe-
remment ; parce que par
la définition des donations
en avancement d'hoirie, les
choſes données ne ſont
point , comme dit Mon-
ſieur Cujas , ſorties hors
du patrimoine du pere : ce
ſont des donations faites ,
preſqu'à cauſe de mort :
c'eſt ce que les Loix du
Code , & les Redacteurs &
Reformateurs de la Coûtu-
me de Paris , ont parfaite-
ment entendu, lorſque d'un
côté les unes ont décidé
que les donations faites du
vivant du pere, ſeroient
réduites de même que les

Teftamens inofficieux, que
les Redacteurs ont défini la
donation d'un immeuble
un avancement d'hoirie, &
que les Reformateurs y ont
ajoûté les meubles, pour
trancher l'ancienne difficulté, qui étoit de fçavoir, fi
les deniers comptans périf-
fables de leur nature, & dans
lefquels neanmoins côfiftet
la plûpart des dons, feroient
fujets au rapport. Enfin on
ne peut nier, fuivant la
Loy du Jurifconfulte Pau-
lus, qui n'eft point une Loy
pofitive, mais une fimple
declaration que la nature
a faite par fa bouche, que

chaque enfant par sa qua-
lité d'enfant, & du moment
de sa naissance, a une portion indivise dans chaque
espece de bien que son pere
a jamais possedé & possede-
ra ; que le partage qui s'en
fait détruit si peu cette in-
divisibilité, que ç'a été
pour la conserver pendant
le temps de la durée de
l'action, qu'il y a une garantie reciproque de droit,
entre les lots, pour marquer
que nul des copartageans
ne s'est désaisi de son droit
naturel.

Or les legitimaires restent
dans la même categorie,

quoy que pour une moin-
dre portion, ils font enfans,
& demandent partage. Je fçai bien que par une
condefcendance pour ceux
qui ont reçû des immeu-
bles qui ne peuvent fe partager commodément, on
réduit les chofes à une efti-
mation, & que le fourniffement de la Legitime fe fait
à leur égard en argent com-
ptant; ce qui ne peut jamais
déplaire à un legitimaire;
mais cette condefcendance
ne peut préjudicier au
droit qu'il a de fe la faire
fournir en effets qui ont
appartenu à fon pere; il

doit être maître de la con-
descendance, & elle ne doit
jamais être tirée à conse-
quence contre luy, lorsque
les effets donnez peuvent se
diviser commodément.

CHAPITRE IV.

*Preuves de la contribution par
la Loy, que les Reforma-
teurs de la Coûtume de Paris nous ont donné, & qu'il
faut suivre.*

LA Coûtume de Paris
fut redigée par écrit
en 1510. & il n'y a aucun
article qui parle de la Legitime. P iij

En 1580. on jugea à propos d'en reformer quelques-uns, & d'y en ajoûter de nouveaux.

Du nombre de ceux-cy furent les deux qui parlent de la Legitime.

Voilà l'histoire ; mais rassemblez des faits historiques avec des présomptions raisonnables ; vous en ferez une demonstration en fait de loix, aussi convainquante qu'aucune qui soit dans la geometrie.

Il n'y a que deux questions principales sur la Legitime, la premiere, de combien elle doit être : la seconde, qui la fournira.

Or si l'ancienne Coûtume ne dit pas un seul mot de la Legitime, soit par rapport à sa quotité, soit par rapport à son fournissement; il n'en est pas moins vray qu'il y avoit une regle certaine pour la juger lors qu'elle se presentoit.

L'Arrest des Brinons rendu au mois de May 1558. qui condamne tous les donataires à y contribuer, prouve invinciblement la doctrine des Redacteurs de la Coûtume, & l'usage de ce temps sur cette matiere;

& que pour la quotité & le fourniſſement, on ſuivoit le Droit de Juſtinien.

Donc tous les donataires ont contribué depuis le temps de la redaction de la Coûtume, juſqu'au temps de ſa reformation, puis qu'entre ces deux temps, il n'y a point d'Arreſt qui ſoit contraire.

Si en 1580. des perſonnes ſages & habiles ont parlé deux fois de la Legitime, dans deux articles differens qu'ils ont ajoûtez, il eſt impoſſible de croire qu'ils n'ayent pas décidé la queſtion du fourniſſement, parce

qu'il n'y a pas de milieu
entre ces deux propositions;
tous les donataires y contribueront-ils? n'y aura-t-il
que le dernier ou les derniers d'entr'eux? & qu'il
suffit d'un seul article, pour
en fixer la quotité & en ordonner le fournissement.

Donc si l'un des deux
articles ne parle point de
la quotité, il faut infailli-
blement qu'il parle du fournissement; & c'est l'article
397. conçû en ces termes.

Neanmoins ou celuy au-
quel on auroit donné vou-
droit se tenir à son don,
faire le peut, en s'abstenant

de l'heredité, la Legitime
reservée aux autres enfans.

Pour trouver le veritable
sens d'une proposition, il
n'y a qu'à substituer la définition à la place du dé-
fini.

Or aprés avoir posé pour
principes, que tout ce qui
est donné, est donné en
avancement d'hoirie; que
le mort saisit le vif; que la
Legitime est la moitié de
ce qu'un enfant auroit eu,
si son pere n'avoit pas disposé, par donations entre-
vifs, ou derniere volonté.
Aprés avoir, dis-je, posé
ces principes, & augmenté

la quotité de la Legitime, dire aprés cela au titre des successions, & en parlant des rapports aux mêmes successions; que celuy auquel on aura donné, pourra s'abstenir de l'heredité, & retenir son don, la Legitime reservée aux autres enfans; n'est-ce pas dire qu'aprés que la Legitime aura été fournie à ceux ausquels elle est dûë suivant sa quotité, mesurée sur la masse des biens dont le pere a disposé, soit de son vivant seulement, soit seulement par Testament, ou par les deux manieres join-

tes enfemble ; pour lors, &
non autrement, celuy auquel on aura donné, pourra
fe dépoüiller de la qualité
d'heritier, dont la mort de
fon pere l'avoit faifi.

On ne peut nier que l'article 307. ne contienne le
privilege de s'abftenir, &
une condition du même
privilege ; il eft des regles
que l'exception du privilege, qui eft l'effentiel de la
Loy, doit avoir fon execution avant le privilege.

Donc les Reformateurs
ont voulu aprés le decés
d'un homme, mettre la
Legitime à couvert avant
toute chofe.

Si les Reformateurs n'ont
pas decidé que tous les donataires contribueront, il
faut qu'ils ayent ordon-
né, qu'il n'y aura que le
dernier, ou les derniers
d'entr'eux, & pour lors il
faut qu'ils se soient servis
de termes bien intelligi-
bles & non équivoques; je
ne croi pas que par le terme de celuy qu'ils ont employé, ceux de l'opinion
contraire puissent soûtenir
que les Reformateurs ayent
dit précisement, qu'il n'y
auroit que le dernier ou les
derniers d'entre les donataires, qui fourniroient la

Legitime ; le terme de celuy ayant été, comme il
le sera toûjours, reconnu
univerfel dans toutes les
langues ; qu'ont-ils donc
dit ? rien, répondent les
Sectateurs de l'opinion contraire : cela est impossible ;
on ne fait pas une Loy pour
rien ; lorfqu'on est obligé
de prendre fon parti pour
l'une de deux propofitions
contradictoires.

Il fuffit pour obliger tous
les donataires à contribuer,
de dire que celuy auquel
on aura donné, pourra fe
tenir à fon don, & s'abftenir de l'heredité, la Legiti-

me reservée aux autres enfans ; mais il ne suffit pas
d'user de ce terme , pour
dire , qu'il n'y aura que le
dernier ou les derniers qui
contribueront , parce que
ce terme étant universel &
non déterminé , ils auroient
laissé une incertitude , qui
auroit détruit leur Loy.

L'absurde ne peut être
vray ; or s'il étoit possible
que les derniers donataires
fussent obligez de fournir
ou suppléer seuls la Legitime , il en arriveroit deux
absurditez.

La premiere , que la
donation en avancement

d'hoirie, perdroit sa nature, & deviendroit donation pure & simple, exclusive du pouvoir de succeder au surplus des biens du pere, contre l'intention des Redacteurs & des Reformateurs.

Et la seconde, que la regle qui dit que le mort saisit le vif, de la qualité d'heritier de son pere, & qui est universelle pour tous les enfans donataires, ou non donataires n'auroit son étenduë que sur les derniers donataires.

Or cela ne se peut, parce que tous les donataires ont reçû en avancement d'hoi-

rie

rie ; que la Legitime se demande à titre d'heritier,
soit par le premier ou le
dernier qui n'ont pas reçû
asssez , & qu'il faut qu'elle
soit fournie par des coheritiers ; & de coheritiers il
n'y en a point d'autres que
ceux qui ont partagé les
biens du pere de son vivant.
VI Il y a deux choses essen-
tielles à la Loy ; la clarté,
qui instruit, & la brieveté
du discours, qui en fait la
majesté : les Reformateurs
ont observé l'une & l'autre
dans l'article 307. en faisant en substance un extrait
de la Novelle 92. de Justinien.   Q

dant ce privilege de s'abstenir de l'heredité , il leur
imposoit la necessité de
fournir à leurs freres la Legitime , suivant la mesure
qu'il avoit déterminée :
qu'il ne faloit pas qu'ils s'i-
maginassent qu'il leur suf-
roit de dire , pour se dispenser de ce fournissement,
qu'ils étoient contens de
leurs donations , qu'ils ne
vouloient point accepter la
succession, mais que malgré
tout cela ils seroient verita-
blement heritiers de leur
pere. Qui ne voit que tout

tentos se esse immensis his donationibus ;
videri autem abstinere paterna haereditate.

cela est exprimé plus noble-
ment par ces termes ; la Legitime reservée aux autres
enfans?

Suite du precedent Chapitre.

COMME il m'est de
la derniere conse-
quence de montrer par la
Coûtume de Paris, que
tous les donataires sont
obligez de contribuer à la
Legitime, tant parce que
c'est le point vertical qui
m'a donné occasion de re-
monter jusqu'à la source,
qui sont les Loix Ro-
maines, que parce que
je ne crois pas être obli-

gé de retoucher à cette question. Le Lecteur me pardonnera, s'il luy plaît, si je m'attache si fort à cette preuve, tirée de la Coûtume de Paris : je ne puis m'en dispenser, quand je devrois tomber dans le défaut de ceux qui prouvent ce qui n'a pas besoin de preuve.

Je dis donc que les Lettres Patentes du Roy Henry III. leur motif, le procés verbal de la Coûtume, & jusqu'au silence même des Redacteurs, tout prouve la Contribution à la Legitime.

On remontra au Roy,
qu'il y avoit quelques articles de la Coûtume de Pa-
ris, qui ne s'expliquoient
pas assez, & qu'il y avoit
aussi plusieurs cas de l'usage
commun, que les Redac-
teurs avoient passé sous silence, mais que la malice
des Plaideurs faisoit varier
dans les jugemens par le
moyen des enquêtes par
turbes. Sur ces remontran-
ces le Roy donna commis-
mission à Monsieur le premier President de Thou, &
à Messieurs Anjorant, Char-
tier, Viole & de Longueüil,
d'éclaircir les articles obs-

curs, & de proceder à une
nouvelle redaction des usages communs, afin de les
fixer par des Loix : ce pouvoir fut donné à trois d'entr'eux, lorsque l'autre ne
pourroit pas y vacquer :
mais sous quelle condition?
à condition que Monsieur
le Premier President seroit
toûjours l'un des trois ; &
que le tout se feroit en presence & du consentement
des Etats assemblez. Aprés
cela y a-t-il un homme de
bon sens, qui puisse s'ima-
giner, que des personnes
aussi sages, aussi habiles,
aussi affectionnées au bien
public,

public, n'ayent pas pris
toutes les précautions ima-
ginables, pour ne pas tomber eux-mêmes dans l'ob-
scurité qu'ils alloient corri-
ger dans les autres, en faisant des Loix nouvelles, qui
déclaroient des usages communs? Pouvoient-ils ôter
de devant leurs yeux, l'Arrest des Brinons, qu'ils
avoient rendu 22. ans au-
paravant, & qui ordonne
la contribution? Pourquoy
ont-ils placé l'article 307. au
Titre des successions, & au
milieu des 305. 306. 308. &
309. qui ne parlent que des
rapports & des manieres de

R

partager, soit en rappor-
tant effectivement, soit en
prenant moins si on ne rap-
porte pas? Pourquoy le Procés verbal de la Coûtume
ne fait-il aucune mention
d'aucune contestation sur
ces articles ajoûtez? Est-ce
qu'entre de si bonnes testes
& si attentives, personne
ne s'est apperçû de l'ambiguité du mot de celuy, &
de l'abus qu'on en pouvoit
faire; & si ce mot ne comprend pas tous les dona-
taires, n'auroient-ils pas
declaré nettement, qu'il
n'y auroit que le dernier,
ou des derniers d'entr'eux

qui fourniroient ? Que
leur en auroit-il coûté ? un
trait de plume ; car aprés
avoir dit que celuy qui voudroit s'abstenir de l'heredité, faire le pourroit, & retenir son don, la Legitime
reservée aux autres enfans ;
ils n'avoient qu'à ajoûter en
commençant par le dernier
donataire, s'ils avoient crû
que l'usage eût été tel ; mais
comme il étoit contraire,
s'ils l'eussent voulu chan-
ger, tout le monde se seroit
élevé contre une si extraordinaire proposition, on leur
auroit opposé la définition
des donations en avance-

ment d'hoirie ; le silence des Redacteurs qui n'en avoient point parlé, parce qu'ils n'avoient pas crû que cela dût faire une question ; on leur auroit opposé l'Arrest des Brinons ; l'équité, la justice, le bon sens ; & si on avoit crû qu'il y eût eu de l'ambiguité dans leur article, qui en eût rendu le sens indeterminé, ils auroient répondu par un seul mot.

Les Redacteurs n'ont point fixé la quotité de la Legitime, nous le faisons par l'article 298. ils n'ont point dit de quelle maniere

s'en feroit le fournissement;
c'est un abus, puisque c'est
une action de partage. Le
Roy nous a ordonné de
déclarer l'usage de ce fournissement : c'est pour cela
que nous plaçons cet article au titre des successions,
entre ceux que nous avons
composé pour les rapports :
si nous ne déclarons pas
précisément que tous les
donataires contribueront,
c'est que nous ne sçavons
pas si dans chaque famille
il y aura plus d'un dona-
taire ; mais c'est nous expliquer assez clairement,
que de nous servir d'un ter-

me auſſi generique & auſſi
univerſel que, celuy, puis
qu'il comprend tous les
donataires en avancement
d'hoirie, & que nous les
obligeons tous au rapport;
donc ſi aprés tant de Con-
ferences employées pour
donner des Loix claires aux
Races futures; on vouloit
encore ſoûtenir qu'il n'y a
point de certitude dans l'article 307. pour la contribution à la Legitime, & que
la queſtion eſt reſtée indé-
ciſe; il faudroit accuſer tous
les Etats du Royaume, &
les Reformateurs, d'avoir
voulu tromper le Roy, qui

leur avoit ordonné expres-
sément de declarer les usages communs; qui le croira?
Il y a de certains mots qui
vieillissent par l'usage, mais
qu'on verra renaître quand
un autre usage le voudra : a
mais d'un autre côté il y
en a de si essentiels pour
exprimer les pensées naturelles & invariables, qu'ils
ne sont point sujets au changement; tels sont les mots
de celuy, de pere, d'ayeul,
de frere, de sœur, d'oncle,
de tante, & autres de même
nature.

Lorsqu'on voudra que le mot de frere ne signifie plus tous les freres, mais le reduire & le determiner au dernier des freres, on y ajoûtera un article, autrement on ne feroit rien, & l'on ne se feroit pas entendre; ainsi quand on voudra que le mot de celuy, auquel on aura donné, employé dans l'article 307. pour signifier un donataire, ne comprenne plus tous les donataires, pour leur donner à tous & à chacun d'eux, le pouvoir de s'abstenir de l'heredité, ou on le retranchera de l'article, ou on le

déterminera par quelqu'autre signe, pour ne signifier
plus que quelque donataire
en particulier; mais comme
on ne peut l'en retrancher,
& qu'il n'y a été mis que
pour exprimer tous les donataires, il est inutile de
demander lequel d'entr'eux
fournira la Legitime.

CHAPITRE V.

Preuves de l'impossibilité de l'o-
pinion contraire, & demon-
stration de la Contribution
par l'Auteur même de cette
opinion.

S'IL est vray que tout
ce qui est donné par
un pere à ses enfans, est un
avancement qu'il leur fait
sur sa succession future : si
l'action de la Legitime est
une demande en partage,
& si les enfans donataires
qui voudroient se servir du
privilege de l'abstention,

sont necessairement heri-
tiers de leur pere , lorsqu'il
s'agit du fourniſſement de
la Legitime , il eſt certain
que l'opinion contraire eſt
ſans fondement ſolide , parce qu'elle détruit des définitions reçuës , dont les
ſeules conſequences qu'on
en peut tirer , établiſſent invinciblement la contribu-
tion.

Celuy qui le premier a
voulu établir parmy nous
cette maniere de faire la
détraction de la Legitime ,
s'eſt contredit bien des fois
dans les ſections où il en a
parlé : ceux qui auront aſſez

de patience pour le suivre
pied à pied sur cette matiere, en raſſemblant ſes maximes & ſes conſequences,
qu'il a diviſées, connoî-
tront que la force de la verité a tiré de ſa bouche l'a-
veu de la Contribution à
la Legitime par tous les donataires, de la même ma-
niere qu'un habile Juge
ſçait tirer de celle du coupable, la confeſſion d'un
crime qu'il nie obſtiné-
ment.

Il convient que c'eſt un
artifice inventé, pour renverſer l'ordre des ſucceſ-
ſions *ab inteſtat*.

Traité des
don. part 3.
chap. 8.
ſect. 8.

Donc les Loix qui ont été faites, ont voulu détruire cet artifice, & remettre autant qu'elles pourroient les choses *ab intestat:* donc il n'a pû s'empêcher de regarder le cas ordinaire, qui est celuy des seuls enfans donataires ; car des étrangers n'ont point de droit de succeder.

Cet Auteur convient encore que le sentiment contraire au sien, est conforme à l'équité, qu'il y en a un Arrest rendu sur les Conclusions de Monsieur l'Avocat General de Lamoignon : que la Legitime s'é-

tend fur tous les biens laiffez & donnez, tant aux enfans qu'aux étrangers.

Traité des don. p. 3. ch. 8. fect. 10.
Qu'elle fe demande à titre d'heritier, qu'elle donne un Idem. droit en la chofe, que c'eft un partage, & qu'il y a une Ibidem. garantie reciproque entre ceux qui la fournissent, & Ibidem. ceux qui la reçoivent, que le fourniffement s'en fait par la voye du retranche-ment, & en corps heredi-taires.

Traité des donat. p. 3. chap. 8. fect. 8.
Que les donations entre-vifs font revoquées à l'*inftar* Ibidem. des Teftamens inofficieux.

Que toutes fortes de do-tes y font fujettes : que les

Donataires de deniers comptans doivent les rappor-
ter, tout de même que les
Donataires d'immeubles,
parce qu'il s'agit du partage
d'une succession, & que
quant au mauvais employ
qui pourroit avoir été fait
de ces deniers, personne
n'est reçû à vouloir tirer
avantage de son impru-
dence.

Que les enfans qui de-
mandent leur Legitime,
ont leur part sur chacun
corps hereditaire.

Qu'elle s'étend par droit
de proprieté sur tous les
biens du deffunt.

Que le droit des legiti-
maires reside particulierement en la chofe; qu'il fuit
de-là que leur action ref-
cifoire, s'étend jufques fur
le tiers détempteur; que le
donataire vendeur a vendu
une chofe qui n'étoit pas
à luy; & que celuy qui en
eft le veritable proprietaire,
la peut chercher par tout où
il la trouve.

Que parmy nous où l'he-
ritier par nôtre ufage eft
faifi de plein droit, les enfans qui prennent la Legitime en cette qualité, gagnent les fruits de leur portion, en vertu de cette pof-
feffion

-feſſion civile, à l'égard des legataires & des donataires, leſquels ſont conſiderez en cette rencontre, comme coheritiers, qui ſont tenus de rapporter au profit les uns des autres, les fruits des avantages qu'ils ont re-çûs dés l'inſtant du decés du défunt, ſans interpella-tion & ſans demande : ſi bien que les fruits accroiſ-ſent à la maſſe de la ſucceſ-ſion, & conſequemment au profit du legitimaire, juſqu'à la concurrence de la portion qui luy eſt dûë; parce que le droit des legi-timaires conſiſte en une

S

universalité, & que chacun d'eux a une part indivise dans la masse generale des biens à laquelle les fruits accroissent.

Que le donataire soit testamentaire, soit entre-vifs, peut en qualité d'enfant retenir sa part en la Legitime, aprés qu'elle aura été levée par tous les enfans en general ; & que le surplus luy demeurera comme étranger en vertu de sa donation. *id. sect.* 5. *n.* 979.

Mais aprés cela, comment a-t-il pû conclure, que les seuls derniers donataires la fourniroient, sans

Amphora cœpit Institui cur-rente rotâ, cur urceus exit? Horat. Art. Poet.

approuver cet artifice inventé, ſans détruire toutes
les définitions, toutes leurs
conſequences, ſes propres
principes, & la ſimplicité
de la raiſon naturelle, qui
eſt l'ame & l'interprete de
toutes les Loix poſitives:
pourquoy ne s'eſt-il fait aucune objection des Loix du
Code, & de la Novelle 92.
de Juſtinien, qui décident
expreſſément la queſtion,
dont il ne dit pas un ſeul
mot, dans tout ce qu'il a
écrit ſur la Legitime, non
plus que des donations en
avancement d'hoirie, dans
les deux volumes qui

renferment son Traité des donations.

Comment a-t-il pû dire au Traitté des donations p. 3. chap. 8. section 8. n. 1075. que pour le fournissement de la Legitime, il n'est pas question de réduire les dotes à neant, comme dans le cas de la revocation introduite en faveur des patrons & des creanciers, mais seulement de les retrancher; de sorte qu'il en restera plus à celuy qui l'a reçû, que ses freres & sœurs n'en auront à eux tous, en vertu de la Legitime? comment a-t-il pû citer, pour confirmer ce sentiment, l'Arrest des de S. Vaast, qui ordonne la contribution ; & aprés cela dire, que si le dernier donataire est un enfant, ou luy laissera seulement une Legitime ?

Il n'y a pas d'homme de raisonnement sain, qui ne fasse un syllogisme en forme, de chacune des propositions de cet Auteur, dont la conclusion établira sans replique la contribution à la Legitime, par tous les enfans donataires entrevifs, pour en donner un exemple, & mettant à part l'équité. Je choisiray pour ar-

gument la derniere de ſes
propoſitions, parce que
dans celle-là, toutes les autres y ſont compriſes ; &
je rapporteray enſuite ce
qu'il a écrit ſur l'article 161.
de la Coûtume de Senlis ;
& l'autorité qu'il prétend
tirer de l'uſage du Parlement de Toulouſe.

Si l'enfant donataire, ſoit
entrevifs, ſoit teſtamentai-
re, ne peut faire autre choſe pour premiere démar-
che, que de retenir dans
ſa donation ſa part en la
Legitime, aprés qu'elle aura été levée par tous les
enfans en general ſur toute

à la masse, la premiere divi-
sion de la masse fera le
fournissement de la Legi-
time.

Donc la contribution est
faite par cette premiere operation, ou plûtôt on n'a
plus que faire de contribution, aprés la Legitime
fournie; puisque la seconde division de cette masse,
ne regarde les enfans qu'en
qualité d'étrangers, & M.
Ricard faisant raporter aux
veritables étrangers, pour
trouver la quotité. C'est
convenir que tout donataire enfant ou étranger, est
obligé de contribuer à la
Legitime.

Voicy comme il a commenté l'art. 161. de la Coûtume de Senlis, conçû en ces termes.

Item, quand un enfant est avantagé en mariage, soit autrement, par donation entrevifs par ses pere & mere, ou autre en ligne directe, tel avantagé se peut tenir au transport à luy fait, sans qu'il puisse être contraint venir à la succession, & retenir tel avantage, neanmoins tel avantagé en soy tenant audit avantage, sera tenu de suppléer à ses autres freres & sœurs, jusqu'à la concurrence de leur

Legitime,

Legitime, si le reste desdits biens n'étoit suffisant pour le supplément de ladite Legitime, lors du decés du donateur, & quant à ce, seront lesdits biens donnez & avantagez dés lors affectez & hypotequez, jusqu'à la concurrence d'icelle Legitime.

Voilà l'art. 307. de la Coûtume de Paris, developpé, & étendu plus au long.

Voicy ce que Monsieur Ricard remarque sur ces mots dés lors affectez & hypotequez, c'est-à-dire dés le temps de la donation; de sorte que les creanciers du

donataire n'y peuvent rien
prétendre au préjudice des
legitimaires, qui tirent leur
droit du donateur, il devoit
dire de la qualité d'enfant.
Il reprend ensuite ces mots
affectez & hypotequez, &
voicy sa remarque.

Ces mots sont impropres,
en ce qu'ils ne sont pas affez énergiques, dautant que
les enfans qui se font ad-
adjuger leur Legitime sur
les biens donnez, n'ont
pas un simple droit d'hypotheque, mais part en la proprieté qui leur doit être
délivrée en nature, & par
forme de partage.

On ne peut nier que le mot d'enfant avantagé, & celuy de donation, dont l'article s'est servi, ne comprennent indistinctement tous les enfans avantagez, & toutes les donations, & que ceux-cy, si le reste des biens n'étoit suffisant pour le supplément de ladite Legitime, lors du decés du donateur, ne soient restraints à ce que le donateur avoit de biens libres au moment de son decés.

Cela posé, Monsieur Ricard n'est pas content d'une simple hypotheque; il veut, & il a raison, que les legi-

timaires ayent un droit de
proprieté & de revendica-
tion dans chaque donation
proportionnée & à leur Legitime, & à la donation même, contre des tiers acquereurs, comme je l'ay fait
voir cy-dessus : peut-on
mieux prouver la contribution, que de donner aux
legitimaires le droit de re-
vendiquer la proprieté de
ce qui leur appartient :
peut-on mieux convenir de
la définition de l'action de
la Legitime, que j'ay mise
au commencement de cet
ouvrage, en disant que c'est
une demande en restitution

d'une partie d'un bien que
la nature avoit destiné également aux enfans.

Incidit in foveam quam fecit.

L'Arrest cité par M. Ri-
card, & tiré du Recüeil de
M. de Cambolas , est un
Arrest rendu dans une espece particuliere ; la voicy :
un homme en se mariant,
donne la moitié de tous ses
biens à l'aîné qu'il aura de
ce mariage ; il passe en se-
condes nôces , donne l'autre moitié à celuy qui vien-
dra de ce second engage-
ment. Le premier dona-
taire neglige de faire in-
sinuer sa donation ; & ce

défaut de formalité est cause que les Juges le condam-
nent à payer toutes les dettes de son pere : mais que
font-ils pour le soulager ,
ils le dispensent de la contribution à la Legitime , &
ordonne que le second do-
nataire la fournira seul. Peut
on conclure de-là , que generalement parlant le dernier donataire doit fournir
la Legitime à la décharge
des premiers.

Monsieur Ricard devoit
se souvenir de tous les principes qu'il a établis sur la
nature de la Legitime , &
ensuite il n'auroit pas dit,

lorsqu'il s'agit de son fournissement ; que si ce sont
des étrangers qui soient derniers donataires, on épuise-
ra entierement leurs donations ; mais que si c'est un
enfant, on luy laissera une
Légitime ; les derniers enfans donataires en seroient
fort d'accord, s'il commençoit par faire fournir les
étrangers ; les biens rentre-
roient pour lors dans la
famille , mais en conser-
vant l'ordre des dattes , il
arrive que si les derniers
donataires sont enfans , ils
payent la Legitime , en de-
venant eux-mêmes legiti-

maîtres, & que les étrangers demeurent paisibles possesseurs des biens du deffunt, & s'en trouvent avoir beaucoup plus que chacun des enfans, lorsqu'il y en a de derniers donataires en état de la fournir par l'épuisement de leurs donations, jusqu'à la concurrence de leur Legitime, ou lorsque par hazard le pere laisse assez de bien à son decés, pour la fournir à ceux qui n'ont rien reçû.

Hæc tu misericorditer irride.

Qui ne s'étonneroit, par exemple de l'espece suivante posée dans le second cas.

Un homme a possedé deux cent mille livres de bien, & il luy reste dix enfans ; la portion heredi-taire de chaque enfant au-roit été de vingt mille li-vres, & la Legitime soit de hazard ou de dessein formé, seroit de dix mille livres.

De ces dix enfans le pere en marie deux, à chacun desquels il donne 15000. livres, cela fait 30000. livr. pour les deux, il luy reste donc 170000. livres.

Il donne ensuite 30000. livres à un étranger, reste 140000. livres.

Il donne ensuite à un

enfant 20000. livres, reſte
120000. livres; il donne à
un étranger 40000. livres,
reſte 90000. livres; apres il
dóne à un étranger 20000.
livres, reſte 70000. livres.

Voilà donc trois enfans
& trois étrangers qui ont
partagé les biens de cet
homme.

Il reſte ſept enfans à
pourvoir, voilà 70000. l.
de reſte.

Leur Legitime n'eſt que
10000. liv. & chacun d'eux
la trouve dans le reſtant:
tout cela eſt dans les meil-
leures regles du monde, ſuivant M. Ricard.

Mais qu'arrive-t-il de tout cela : voilà dix enfans contre trois étrangers ; de ces dix il y en a sept qui n'ont que dix mil francs chacun, des trois autres il y en a deux qui n'en ont chacun que quinze, & le troisiéme vingt, on n'entame la portion d'aucun donataire, cela est vray, & chaque enfant se trouve avoir sa Legitime, & même trois ont plus que leur Legitime ; celuy qui a reçû vingt mil livres, a reçû sa portion integrale ; ceux qui n'en ont reçû que quinze, en ont le quart moins ; mais

ils ont le tiers au-deſſus de
leur Legitime; & voilà trois
étrangers, dont deux ont
30000. livres chacun, &
l'autre 20000. livres, cela
fait 80000. livr. à eux trois,
& dix enfans n'en ont que
120000. livres : deux étrangers ont non ſeulement la
part integrale d'un enfant,
mais encore une Legitime
par-deſſus, & l'autre a la
part integrale. La Coûtu-
me de Paris qui a été regardée dans tous les temps
comme une Coûtume toû-
jours tendante à l'égalité,
nous auroit bien trompé,
ſi elle avoit été capable d'au-

toriser un pareil dérégle-
ment ; car par cette belle
operation, des enfans des-
cendroient, contre l'ordre
de la nature, de deux tiers
au-dessous des étrangers, &
des étrangers monteroient
de deux tiers au-dessus des
enfans, contre le même ordre de la nature, sans que
que pour cette énormité de
disproportion si opposée à
la justice distributive, ceux
qui ont adopté l'opinion
contraire, trouvent aucune
répugnance aux véritables
maximes ; tant les hommes
ont d'amour pour leurs pré-
jugez, quoyque la véritable

glorieuse [...] de bon-
ne foy qu'on s'est atta-
chées [...]
[illegible]

CHAPITRE MI.

Suite des preuves de la contri-
bution à la Legitime
par Monsieur Ricard.

MONSIEUR RICARD a
si bien senti la ne-
cessité de la contribution entre tous les donataires, qu'il
l'établit tres solidement en
la part. 2. chap. 8. [...]
1081. 1082. 1083. [...] de suit,
dans [...] il décrit les [...]

de ceux qui prétendoient,
que les donations faites aux
étrangers, ne devoient pas
être sujettes au retranchement, quoy qu'elles entraf-
fent en maffe pour trouver
la quotité de la Legitime;
la raifon dont il fe fert,
c'eft qu'elles font partie de
cette maffe, fans la compo-
fition de laquelle on ne
peut trouver la quotité, &
que fi aprés cette quotité
trouvée, on difpenfoit les
étrangers du fourniffement,
il arriveroit que les enfans
donataires fouffriroient un
double retranchement, &
fourniroient bien plus que

la Legitime ne peut porter
à leur égard ; il va même
jusqu'à dire , que les donations faites aux étran-
gers , doivent bien plus
souffrir ce retranchement ,
que celles faites aux enfans,
parce qu'un homme ne doit
rien à ceux-là , & qu'il doit
tout à ceux-cy ; il dit que
l'argument contraire est ca-
ptieux , sophistique & in-
juste : il soûtient qu'il est
contre nôtre usage , & la
disposition du droit écrit ,
& que c'est une condition
tacite des donations faites
aux étrangers , que de souffrir le retranchement pour
la Legitime,   M^r

M. Ricard me permettra donc de raisonner avec luy, suivant ses propres principes, & d'en tirer des consequences qu'il ne pourra pas assurément desavoüer.

La premiere, c'est que si le fort de son argument consiste en ce que les donations faites aux étrangers entrent en masse pour trouver la quotité de la Legitime; & si c'est une condition tacite qui y est presumée par la Loy d'être sujettes au retranchement, on n'en peut raisonnablement conclure autre chose, sinon que la Legitime se prendra

V

sur la maſſe : il en convient
luy-même, comme je l'ay
montré cy-devant, & il eſt
même impoſſible qu'il en
ſoit autrement, puis qu'on
ne peut compoſer cette
maſſe que par un calcul general, qui fait une confuſion & un mélange, & que
cette quotité trouvée & ſon
fourniſſement ſortent en-
ſemble de la maſſe.

La ſeconde eſt, que ſi
l'abſurdité & l'injuſtice que
M. Ricard a trouvé dans
l'opinion qu'il refute, vient
de ce que ſi les enfans donataires fourniſſoient à la décharge des étrangers, leurs

donations seroient tenuës
de souffrir un double retranchement, & souffrir bien
plus que la Legitime ne peut
porter à leur égard ; & si
selon luy l'article 288. de
la Coûtume de Paris indi-
que suffisamment que tou-
tes les donations entre-vifs
doivent servir de propor-
tion, pour trouver la quotité de la Legitime, afin
que la part qui y sera trouvée excessive, subisse le retranchement ; il faut de
necessité garder la même
proportion pour faire le
fournissement, que pour
trouver la quotité, puisque

sans cette comparaison, on
ne peut trouver la part excessive ; c'est peut-être la
premiere qui excede ; elles
excedent peut-être toutes,
peut-être n'y a-t-il que la
seconde ou la troisiéme ; enfin c'est que la Legitime se
prend sur une masse : au-
trement M. Ricard tombe-
roit dans une absurdité bien
plus grande , & feroit une
injustice bien plus criante,
que celle qu'il reproche ,
suposé que des enfans derniers donataires , se trou-
vassent en état de la fournir,
par l'épuisement de leurs
donations , jusqu'à concur-

rence d'une simple Legitime, parce qu'ils fourni-
roient non seulement à la
décharge des étrangers,
mais encore à la décharge
de leurs propres freres, ce
que ceux de l'opinion qu'il
refute n'ont jamais préten-
du; car lors qu'ils ont soû-
tenu que les étrangers ne
doivent pas fournir, ce
n'étoit que de la contribution qu'ils entendoient parler, puis qu'ils rejettoient
le fournissement entier sur
les seuls enfans, ainsi M.
Ricard n'a pû répondre à
leur argument, que suivant
la force qu'il luy étoit pro-

posé, c'est-à-dire, dans le
systeme de la contribu-
tion.

L'argument qu'il combat
se réduisoit à dire, qu'é-
tant generalement permis
de disposer entre-vifs de
tous ses biens au profit de
personnes capables, il étoit
permis à un pere de faire la
même chose en faveur de
ses enfans, mais que la
Coûtume de Paris ayant
permis aux enfans donataires de s'abstenir de la succession à la charge de la
Legitime de leurs autres
frères & sœurs ; & n'ayant
point fait une semblable

restriction à l'égard des
étrangers, c'étoit une mar-
que qu'il n'y avoit que les
seuls enfans qui devoient
la fournir.

Voilà comme il a répon-
du tres-solidement à cet argument. *Supposons*, dit-il,
que le pere n'ait laissé aucuns
biens aprés sa mort, & qu'il ait
consommé tout ce qu'il en avoit
en une donation qu'il a faite
à une personne étrange, sera-t-il
dit que cette donation servira
pour trouver la Legitime des
enfans, & qu'ensuite par faute
de biens sur lesquels cette Legi-
time puisse être assise, elle de-
meurera sans effet ? Certaine-

ment cela feroit ridicule, & je ne puis pas me perfuader que perfonne veüille autorifer de fon fentiment cette propofition.

Voilà une réponfe fans replique; & c'eft pourquoy il en tire cette confequence, *qu'on ne peut exempter cette donation du retranchement pour la Legitime en un cas plûtôt que dans l'autre*; c'eft à dire du fourniffement entier fi elle eft feule, ou de la contribution s'il y a d'autres biens qui foient pareillement fujets à la Legitime.

C'eft la doctrine qu'il établit dans le nombre 1082. & il ajoûte n. 1083. *que fi*

nos

vos Coûtumes ont expliqué plus particulierement le retranche-ment des donations faites aux enfans, ç'a été parce qu'elles en avoient plus de besoin, attendu que par une disposition particu-liere elles leur permettoient de se tenir aux avantages qui leur avoient été faits par leurs peres. Et au n. 1084. il soûtient que ce seroit détruire par un argument sophistique *&* nôtre usage, *&* la disposi-tion du Droit écrit?

Or si selon M. Ricard, il seroit ridicule de dispen-ser du retranchement la do-nation faite à un Etranger dans un cas plûtôt que dans

l'autre, je luy demande si ce
même ridicule ne se trouveroit pas, si suivant son siste-
me on en dispensoit les premiers enfans donataires.

Au nombre 1094. il re-
fute l'opinion de ceux qui
pretendoient que les legs
pieux ne devoient point
souffrir de retranchement
pour le fait de la Legitime,
parce qu'ils devoient estre
privilegiez. Voicy sa réponse.

*Il y auroit, dit-il, de l'ab-
surdité, puisque les legs pieux
entreroient dans la supputation
de la Legitime, & toutefois
ils n'y contribueroient pas,*

ne serviroient pas à la remplir.
Et il confirme l'absurdité
de cette proposition par
l'exemple des donataires,
qui sont obligez d'y contribuer,
quoyque munis d'un titre irrevocable, qui ne peut recevoir
d'atteinte par une disposition
contraire aussi favorable qu'elle
puisse être.

Le fort de sa réponse est
donc fondé sur ce que tout
ce qui est sujet à la supputation est sujet à la contribution; & il a si bien reconnu
la reciprocité qui côfondoit
l'une & l'autre, qu'au nombre 1086. de la même sec-
tion, il combat de gayeté

de cœur une objection qu'-
on ne luy avoit point faite,
mais qu'il croioit qu'on
pouvoit luy faire, par une
distinction des donations
universelles & des particulieres qui pouvoient don-
ner des présomptions de
fraude.

Il ne s'agit pas icy de
sçavoir si les Loix Romaines ont fait quelque distinction ; j'ay fait voir que
non : mais il s'agit seulement de sçavoir ce que M.
Ricard a pensé par raport
à cette distinction chimerique.

Nôtre usage, dit-il, s'est

montré plus indulgent en
faveur des enfans, & pour-
veu que la donation soit de
chose un peu considerable,
nous la comprenons dans
la masse des biens pour
trouver quelle doit être la
portion & la legitime des
enfans; & de fait l'article
288. de la Coûtume de Pa-
ris comprend indistincte-
ment les donations entre-
vifs & testamentaires, &
les égale les unes aux autres pour ce regard : donc
c'est dans cette masse qu'on
trouve la portion integrale,
& la portion de la Legitime des enfans.

Monsieur Ricard au n.
1127. de la Section 10. du
même Chapitre, établit encore des maximes par les-
quelles je tâcheray de luy
prouver par luy-même la
contribution à la Legitime.

Voicy ses termes : Quoy
qu'à l'égard des enfans le
pere ne puisse pas ordonner
qu'ils ne prendront pas leur
Legitime sur les dispost-
tions qu'il a faites : toutes-
fois entre les legataires &
les donataires, il peut en
décharger les uns, en char-
geant les autres de fournir
aux enfans leur portion, le
Testateur ayant la liberté

d'impoſer telle loy qu'il luy plaira à ſes liberalitez ; & même les enfans ne pourront pas conteſter cette diſpoſition, en ſoûtenant qu'ils doivent prendre leur Legitime *à rata* ſur tous les legs, dautant que cela eſt bon, lorſque le pere n'y a pas pourvû ; car quand il leur a fait leur part, & que par ſa prévoyance leur Legitime eſt remplie, ils ſont non recevables à vouloir renverſer les diſpoſitions de leur pere, & attaquer les legataires ou les donataires, qui ne leur doivent rien en ce cas.

X iiij

Reflexions sur ces Maximes.

Premierement, je n'examine point si ce que M. Ricard avance est vray ou faux, mais seulement s'il est d'accord avec luy-même en l'avançant.

Ainsi je luy demande ce que devient l'irrevocabilité des donations entre vifs, ausquelles il soûtient que le pere ne peut donner aucune atteinte par son fait, lors qu'il permet à ce même pere de les charger du fournissement de la Legitime par son Testament, & d'en décharger les legataires, en luy accordant par un acte posterieur, la liberté d'imposer à ses liberalitez telle condition qu'il luy plaira?

Je luy demande comment il peut concilier cette permission qu'il donne au pere, avec l'épuisement entier des legs qu'il veut qu'on observe dans la détraction pour la Legitime, avant que de toucher aux donations entre-vifs?

Je luy demande s'il a voulu parler des donataires en nom collectif, en les opposant aux legataires en nom collectif; ou bien si ce pere aura la liberté d'as-

signer le fourniſſement de
la Legitime, ſur tel donataire ou tel legataire qu'il
voudra choiſir, puis qu'il
peut impoſer à ſes liberalitez, telle condition qu'il
voudra, & ſi dans ce cas *les*
donataires ne ſouffriroient pas
un double retranchement, & ne
fourniroient pas bien plus que la
Legitime ne peut porter à leur
égard.

Je luy demande ſi les
donations faites à ceux que
ce pere diſpenſera du fourniſſement de la Legitime,
entreront ou n'entrerontpas
dans la ſupputation?

Si elles n'y entrent pas,

la Legitime ne fera plus fuivant le Droit Romain, le
tiers ou le quart de la fubftance du pere , ny felon
nous la moitié de ce qu'un
enfant auroit eu , fi fon pere
n'avoit difpofé par dona-
tions entre-vifs , ou de derniere volonté , ce qui eft abfolument impoffible.

Que fi elles entrent dans
la fupputation , comme on
n'en peut douter ; je remets
devant les yeux de M. Ri-
card le principe qu'il a fi
bien étably , que tout ce qui
entre dans la fupputation ,
doit contribuer.

Que le contraire eft *ab-*

*furde & ridicule, & qu'une
perfonne de bon fens ne doit pas
autorifer de fon fentiment une
pareille propofition*, pour ufer
de fes termes ; c'eft cependant ce qu'il a fait de propos déliberé au n. 1114. &
1115. de la fection 9. du même Chapitre, en difpenfant
les premiers donataires de
la contribution, quoy qu'il
les faffe entrer dans la fupputation.

Il eft pourtant vray dans
le fyftême de la contribution, que les portions integrales des donataires ne
contribuent pas, & qu'il
n'y a que l'excedent, quoy

que la portion entre dans
la supputation.

Mais peut-on mieux éta-
blir le principe de la contribution , qu'en difant ,
comme fait M. Ricard , que
lors qu'un pere a par un
Teftament affigné la Legitime fur tel ou tels donataires , parce qu'il eft le
maître d'impofer telle loy
qu'il luy plaira à fes liberalitez , les legitimaires ne
pourront pas , à caufe de
cette prévoiance , con-
tefter cette difpofition, en
foûtenant qu'ils doivent
prendre leur Legitime , *à
rata*, c'eft-à-dire, par con-

tribution sur tous les donataires ou les legataires, dont
si le pere n'a point eu cette
prévoiance, & s'il n'a point
fait ce choix, la Legitime
se prendra à l'ordinaire par
contribution sur tous les
donataires; & qu'on ne me
vienne point dire, que ce
n'est qu'à l'égard des legs
qu'il a parlé de contribution; car ma réponse, ou
plûtôt la sienne, est toute
preste, & c'est par luy-même
que je détruis son systême
de la détraction de la Legitime.

Il établir comme des principes indubitables, que le

droit des Legitimaires consiste en une universalité, &
qu'ils ont une part indivise
dans la masse generale des
biens.

Qu'ils gagnent les fruits
de leurs portions du jour
du decés de leur pere,
comme ses heritiers saisis
de plein droit ; que les legataires & les donataires sont
considerez en cette rencontre comme coheritiers, qui
sont tenus de rapporter au
profit les uns des autres les
fruits des avantages qu'ils
ont reçûs, dés l'instant du
decés du défunt, sans in-
terpellation, & sans de-
mande.

Que les fruits accroiſ-
ſant à la maſſe de la ſucceſſion, ſuivant la Loy,
Item veniunt. §. *fructus,* au
Digeſte, au Titre de la demande de la ſucceſſion, ils
doivent profiter de cet ac-
croiſſement, à proportion
de la part qu'ils ont dans
cette maſſe qui doit être
partagée, tant en propriété
qu'en fruits, entre tous ceux
qui y ont droit.

Que c'eſt le ſentiment d
tous les Docteurs; qu'An-
toine Faber témoigne que
le Senat de Savoye l'auroit
jugé; que cela ne peut recevoir de difficulté dans
notre

nôtre ufage, même dans les Provinces de Droit écrit, non feulement par la raifon de cette univerfalité, & cette part indivife qu'ont les legitimaires dans la maffe generale des biens, mais encore parce qu'ils pratiquent auffi-bien que dans le Païs Coûtumier nôtre Regle du Droit François, *le mort faifit le vif.*

Je ne fçai fi je me trompe, mais fuivant la petite mefure que je puis avoir de fens commun, je croi que fuivant M. Ricard, j'ai eu raifon de foûtenir la contribution, par la Regle qui

Y

dit que le mort saisit le vif, & que le fourniſſement de la Legitime, eſt un partage de ſucceſſion, puiſqu'il veut qu'on partage la maſſe, tant en proprieté qu'en fruits, & qu'il ne fait aucune diſtinction entre les legataires & les donataires, pour le rapport des fruits qu'il fait courir du jour du decés, de celuy de la ſucceſſion duquel il s'agit.

N'eſt-il pas vray que ceux qui ſuivent l'opinion oppoſée à la Contribution, doivent être tres-fâchez que M. Ricard qui avoit établi en quatre paroles un ſoula-

gement si commode pour
les premiers donataires,
dans la section 9. se soit
expliqué si au long, si clairement & si fortement dans
la section treize, pour
prouver mieux que je n'ay
fait dans mes deux Traittez
la Contribution à la Legitime : j'ay cependant trop
bonne opinion de leur es-
prit, pour ne pas croire
qu'ils l'imiteront dans son
repentir, avec la même
facilité qu'ils l'ont suivi
dans son erreur : pour moy
qui n'y ay jamais eu aucune
part, je croy m'être suffisamment acquitté de la

promesse que j'ay faite, de prouver la Contribution à la Legitime, par l'Auteur même de l'opinion contraire, & qu'elle étoit ordõnée par l'un & l'autre article de la Coûtume de Paris qui en parlent.

Aprés cela je laisse aux personnes judicieuses, qui aiment sincerement la justice & la verité pour elles-mêmes, à faire leurs reflexions sur les sentimens de M. Ricard, & à penser si ceux qui soûtiennent le parti de la Contribution par le bon sens, l'équité, les Loix Romaines, nôtre Usage, celuy du Droit écrit, & par la Coûtume de Paris, ne le prendroient pas pour juge de cette question ; non luy qui a parlé aux nombres 1114. & 1115. de la section 9. mais luy qui a si bien connu la verité dans les sections 8. 10. & 13. de son Ouvrage sur cette matiere.

CHAPITRE VII.

Suite du precedent Chapitre.

APRE's avoir prouvé la Contribution à la Legitime, par les propres maximes de M. Ricard, je crois qu'il eſt à propos de faire voir, qu'il n'a jamais entendu le veritable ſens du §. *Sed ſi libertus*, qu'il a pris de la Loy 6. au ff. au Titre des Droits du Patron ſur les biens de ſes Affranchis, & ſur lequel il a fondé ſon opinion.

Il eſt vray que cette Loy dit, que ſi l'Affranchi n'a pas aliené ſes biens dans le même moment, mais dans des temps ſeparez, les premiers acquereurs troublez par le Patron, auront un recours de garantie contre les derniers d'entr'eux.

Mais M. Ricard devoit

un peu consulter la premiere Loy du Digeste, qui trait-
te des alienations faites en
fraude des Patrôs; il y auroit
vû qu'un acquereur inquieté, a le choix de retenir ce
qu'il a acheté au dessous de
sa juste valeur, en suppléant
le surplus ; & que si cela ne
luy plaît pas, le Patron est
obligé de luy rendre le prix
de son acquisition , parce
que la fraude n'est que du
du côté de l'Affranchi , &
non pas du côté de l'Ac-
quereur.

De-là il resulte que si le
dernier Acquereur avoit été
inquieté par le premier é-

vincé, il auroit eu un recours contre le Patron, fans
être obligé de luy juftifier
fa bonne foy, & que dans
le moment de fon acquifi-
tion, fon vendeur avoit de
quoy payer le droit de pa-
tronage, parce que c'eft au
Patron à prouver la fraude;
& que fi elle eft inherente à
l'Affranchi, l'Acquereur
n'en doit point être refpon-
fable.

Il auroit vû que ce droit
de Patron n'a point de lieu
fur les dottes, & qu'il eft
abfolument anneanti dans
ce cas, parce que la caufe
impulfive eft le devoir pa-
ternel,

ternel ; & non pas l'envie
de frauder ; *quia pietas patris
non est reprehendenda.* Il auroit
vû que le droit du Patron ne
s'étendoit que sur les biens
alienez à titre gratuit, comme sont les donations faites
à des étrangers, ausquels on
ne doit rien, & qui ne doivent pas subsister aux dé-
pens de celuy auquel on
doit quelque chose.

Ainsi il n'y avoit pas lieu
de comparer les legitimaires à un Patron, & les donataires à un Acquereur : car
si les legitimaires represen-
tent le Patron, on voit que
celuy - cy perd son droit

lorsque son Affranchi dote
ses enfans, & qu'il est obligé de rendre le prix des ac-
quisitions aux acquereurs
de bonne foy ; par exemple,
si lors de la derniere donation, l'Affranchi a montré
assez d'effets pour fournir la
Legitime du Patron.

Mais tout cela ne vient
que faute de notion du veritable caractere de la donation faite par un pere à son
fils, & si M. Ricard l'avoit
regardée du même œil que
Justinien, & s'il avoit fait
attention à la Loy du Jurisconsulte Paulus, il se seroit
bien donné de garde de

prēdre la Loy *Si libertus,* pour
autoriser son sentiment.

Mais ce qu'il y a d'éton-
nant, c'est que M. Ricard
ne l'a avancé qu'en trem-
blant, pour ainsi dire, & en
faisant remarquer que le
sentiment contraire est conforme à l'équité, pourquoy
donc ne le pas suivre? pourquoy dans cinquante en-
droits établir la contribution par ses veritables maximes, & la détruire dans
un autre, & se rendre contraire à soy-même? l'u-
niformité auroit mieux va-
lu; & j'aurois beaucoup
mieux aimé prendre tout

d'un coup le parti contraire
à la contribution, & l'établir
ensuite comme j'aurois pû

J'avoüe que ce sentiment
soulage beaucoup les pre-
miers enfans donataires,
qui se trouvent avoir plus
que leur portion integrale,
mais c'est un soulagement
qu'ils ne doivent ny sou-
haitter, ny demander, parce
que le dernier devient leur
victime, & qu'il a droit de
dire avec le Poëte,

Et me destinat aræ :
Assensére omnes, & quæ sibi
quisque timebat,
Unius in miseri exitium con-
versa tulére,

CHAPITRE VIII.

Preuves de la Contribution à la Legitime, par l'inutilité des tentatives que les premiers donataires ont voulu faire de temps en temps.

QU'ON examine le progrés de l'opinion contraire parmy nous ; on verra qu'elle n'a pris racine que depuis l'Arrest des Vedeau rendu en 1688. & qui a été interpreté à contre-sens.

La question s'étant presentée en 1675. M. Ricard qui venoit de donner au Public son Traitté des dona-

tions, fit tous ſes efforts,
pour faire approuver ſon
ſentiment: juſques-là le Parlement n'avoit point rendu
d'Arreſt qui n'ordonnât la
contribution ; M. Ricard
n'en cite aucun; on avoit au
contraire l'Arreſt des Brinons, qui avoit precedé la
reformation de la Coûtu-
me ; on avoit celuy des de
Saint Vaaſt, rendu depuis
la reformation ; l'un & l'autre ſuivant les principes du
Droit Romain, & l'inten-
tion des Redacteurs & des
Reformateurs.

La Cauſe celebre des Fa-
verolles ayant donc ſervi de

Scene, M. Ricard plaida par la bouche de son fils. Tout le monde étoit dans l'attente de la décision ; les plus fameux Avocats du Bareau ne manquerent aucune Audiance ; d'importance du sujet les y attiroit : on peut dire même que plusieurs personnes étoient comme seduites & ébloüies des raisons de M. Ricard ; cependant M. l'Avocat General de Lamoignon parle, & suivant la doctrine ancienne & constante, il conclud pour la contribution : Tout le monde se rend à la force de ses autoritez & de

les raisons ; il fait signer
l'Arrest avec cette illustre
marque de cette constante
doctrine, qu'aucun des Juges n'y a contredit : M. Ricard & ses Sectateurs prote-
sterent à cet illustre Magi-
strat, qu'ils revenoient sans
peine, & même avec plaisir,
de leur opinion.

Quelle meilleure preuve
pour la contribution ; l'Espece de la cause étoit dis-
posée de maniere, qu'il falloit de necessité prononcer,
pour ou contre les derniers
enfans donataires.

Treize années après, une
autre question se presente,

qu'on croit être la même,
elle est jugée diversement,
cela est dans les regles: mais
ceux qui soutiennent l'opinion contraire, supposant
toûjours que c'est la même
question, prétendent que
l'Arrest rendu en 1638. est
la seule regle à suivre, &
que celuy des Faverolles n'a
été rendu que sur des circonstances particulieres du
fait; ces circonstances, di-
sent-ils, sont que Faverolles
pere en mariant une seconde fille, avoit egalé la premiere; enfin ayant egalé
tous ses enfans, lorsque la
déroute de sa fortune arri-

va, on lût dans son intention, qu'il avoit eu envie
de rendre tous ses enfans
égaux ; & cette intention
d'égalité fut le motif de
l'Arrest , qui ordonna la
contribution à la Legitime.
Vous avez tous reçû éga-
lement, cela est tres-bien
raisonné, & cela est juste ;
mais vous avez reçû tous
inégalement, & le dernier
d'entre vous fournira seul
la Legitime, parce que vô-
tre pere n'a pas marqué une
intention de vous rendre
égaux, est un fort mauvais
raisonnement : on n'avoit
pas besoin de l'intention de

Faverolles pere, qui avoit
égalé ses enfans ; parce qu'-
outre que cette intention
est toûjours présupposée,
c'est que ces égalemens ne
sont autre chose que des
avancemens d'hoirie, aussi
bien que les dotes consti-
tuées : M. de Lamoignon ne
se servit de cet argument,
que comme d'une preuve
surabondante, parce qu'il y
en a un autre aussi con-
cluant, qui est celuy-cy :
Vous avez tous reçû en
avancement d'hoirie, mais
inégalement, & vous ne
fournirez qu'à proportion
de ce que vous avez reçû ; il

y aura même cet avantage
pour ceux d'entre vous qui
n'auront pas reçû affez, qu'
ils prendront fur la maffe le
furplus de leur Legitime, à
mefure que les autres qui
n'auront rien reçû, pren-
dront le total de la leur.
ainfi on n'avoit aucun be-
foin de l'intention de Faverolles pere; car fi l'opinion
contraire pouvoit avoir
lieu, ne feroit-ce pas toûjours
au dernier donataire à fout-
nir la Legitime, par l'ordre
des dattes, & la force des
Contrats, qui font la baze
de cette opinion. C'eft auffi fur cette baze

qu'ils l'ont élevée, & qu'ils
regardent l'Arreſt des Vé,
deau, comme le ſeul juri,
dique; cependant il n'eſt
nullement favorable à l'opi,
nion contraire, il ne s'agiſ,
ſoit pas dans l'Eſpece de la
cauſe, de ſçavoir, ſi la dernie,
re donation fourniroit ſeule
la Legitime, mais ſeulement
ſi la derniere étant énorme,
elle ſeroit declarée ſeule inofficieuſe; & s'étant trou,
vée telle, elle fut ſeule condamnée au fourniſſement,
tout le plaidoyé de défunt
M. le Preſident Talon, lors
Avocat General, roula ſur
la recherche de ce que c'é,

toit qu'une donation inofficieuse, & pour cela il em-
ploya toutes les distinctions
que les Docteurs ont faites,
de celles qui le sont seulement par la chose, ou par
l'affectation & la malice du
donateur, ou simplement
par l'événement, ou par
toutes les trois manieres
jointes ensemble ; il étoit
certain que cette derniere
donation avoit ces trois sor-
tes de caracteres, & ce furent les motifs de l'Arrest:
de sorte que la derniere donataire ne fut pas condamnée, parce qu'elle étoit derniere donataire, mais à cau-

se de l'excés de sa donation, & de l'affectation de la donatrice. C'est pourquoy l'Auteur du Journal des Sçavans, a dit dans celuy du mois de Juillet dernier, qu'il n'y a qu'une contradiction apparente entre ces deux Arrests. En effet il s'agissoit d'homologuer une Sentence renduë par des arbitres, à la tête desquels étoit M. de Dreux, & il s'étoit trouvé sans doute par le calcul, qu'en taxant cette derniere donation d'inofficiosité, il en restoit à la donataire, aprés avoir fourni la Legitime, plus

qu'à chacune de ses codo-
nataires, qui avoient reçû
auparavant elle, ou du
moins autant, & c'est avoir
fait une contribution, que
d'avoir remis les choses
dans l'égalité parfaite, ou
dans l'égalité proportionelle; de sorte que si M. Talon
avoit parlé dans la cause
des Faverolles, il auroit
conclu comme M. de La-
moignon : où est donc la
veritable contradiction ?
mais le mal est, que cette
contradiction apparente a
fait naître, comme dit le
même Auteur du Journal,
une diversité effective dans
la

la Jurisprudence: on ne peut
mieux prendre la chose, &
ces termes de contradiction
apparente, & de diversité
effective née de cette appa-
rence de contradiction, ont
bien de la force : ils font
voir que c'est une opinion
nouvelle contraire à l'intention des Redacteurs &
des Reformateurs de la Coutume de Paris, aussi-bien
qu'aux Loix Romaines, aux
Arrests rendus auparavant
1688. & aux sentimens des
grands Auteurs que j'ay ci
tez, dont l'autorité vaut
bien celle de M. Ricard.

CHAPITRE IX.

*Preuves de la Contribution à
la Legitime, par les Regles
de l'interpretation des Loix.*

I. REGLE.

IL est certain que toutes
les Regles, soit natu-
relles ou arbitraires, ont leur
usage, tel que donne à chacune la justice universelle,
qui en est l'esprit : aussi l'ap-
plication doit s'en faire par
le discernement de ce que
demande cet esprit, qui
dans les Loix naturelles est
l'équité, & dans les Loix

arbitraires, l'intention du Legiſlateur, & c'eſt dans ce diſcernement que conſiſte principalement la ſcience du Droit. [a]

II. REGLE.

Si une Loy arbitraire étant appliquée à un cas qu'elle paroît comprendre, il en arrive une conſequence qui bleſſe l'intention du Legiſla-teur, la Regle ne doit point s'étendre à ce cas.

[a] *In omnibus quidem, maximè tamen in jure æquitas ſpectanda.* L. 90. off. de Reg. jur. *Inprimis æquitatem ante oculos habere debet Judex.* L. 4. paragr. 1. ff. *De eo quod certo loco benignius leges interpretanda ſunt, quo voluntas earum conſervetur.* L. 18. ff. de Legibus.

Ratio naturalis quaſi lex quædam tacita. L. 7. ff. de bon. damn. *Jus eſt ars æqui & boni.* L. 1. ff. de Juſt. & Jur.

III. REGLE.

Il ne faut pas prendre pour des injustices contraires à l'équité, ou à l'intention du Legislateur les décisions qui paroissent avoir quelque dureté, qu'on appelle rigueur de Droit, lors qu'il est évident que cette rigueur est essentielle à la Loy d'où elle suit, & qu'on ne pouvoit apporter de temperamment à cette Loy, sans l'aneantir. [a]

IV. REGLE.

Si la dureté ou la rigueur du Droit n'est pas une suite

____

[a] *Quod quidem perquam durum est, sed ita lex scripta est. L. 11. paragr. 1. ff. qui & à quib.*

essentielle de la Loy, &
qui en soit inseparable,
mais que la Loy puisse avoir
son effet par un effet qui
modere cette rigueur, & par
quelque temperament que
demande l'équité, qui est
l'esprit de la Loy ; il faut
alors preferer l'équité à cette rigueur que paroît de-
mander la lettre, & suivre
plûtôt l'esprit & l'intention
de la Loy, que la maniere
étroite & dure de l'interpreter. a

a *Placuit in omnibus rebus præcipuam esse justitia aquitatisque, quàm stricti juris rationem. L. 8. c. de judic. Etsi maximè verba legis hunc habent intellectum, tamen mens Legislatoris illud vult. L. 19. paragr. 2. ff. de excusat. tutor. Hæc æquitas suggerit,* etc.

V. REGLE.

Si les Loix où il se trouve quelque difficulté ou quelque doute, ont quelque rapport à d'autres Loix, qui puisse en éclaircir le sens, il faut preferer à toute autre interpretation celle dont les autres donnent ouverture; ainsi lorsque des Loix nouvelles se rapportent aux anciennes, ou à d'anciennes Coûtumes, ou les anciennes aux nouvelles, elles

jure deficiamur. L. 2. paragr. 5. in fin. ff. De aqua & aqua pluvia arcenda.

Benigniorem interpretationem sequi non minùs justius est quàm tutius. L. 192 parag. 1. ff. de reg. Jur.

Semper in dubiis benigniora præferenda sunt. L. 56. ff. Cod. Capienda occasio est quæ præbet benignius responsum. L. 168. Cod.

s'interpretent les unes par les autres, selon leur inten-tion commune, en ce que les dernieres n'ont pas abrogé. a

VI. REGLE.

Si les difficultez qui peu-vent arriver dans l'interpre-tation d'une Loy ou d'une Coûtume, se trouvent ex-pliquées par un ancien usa-ge qui en ait fixé le sens, & qui se trouve confirmé par une suite perpetuelle de jugemens uniformes, il

a *Non est novum ut priores leges ad poste-riores trahantur.* L. 26. ff. de leg. *Sed & po-steriores leges ad priores pertinent, nisi con-traria sint, idque multis argumentis proba-tur.* L. 28 Cod.

faut s'en tenir au sens declaré par l'usage, qui est le meilleur interprete des Loix. a

Voilà les Regles generales qui conduisent, comme par la main, à l'intelligence de tout le droit, quand même il ne seroit composé que de Loix arbitraires.

Voions presentement celles par lesquelles on ex-

a *Si de interpretatione legis quæratur, in primis inspiciendum est, quo jure civitas retro in ejusmodi casibus usa fuisset: optima enim est interpres legum cnosuetudo.* L. 37. ff. de Legib. *Nam Imperator noster Severus rescripsit in ambiguitatibus quæ ex Legibus proficiscuntur, consuetudinem aut rerum perpetuo similiter judicatarum auhoritatem vim legis obtinere debere.* L. 38. Cod. cod.

plique

plique les conventions des
particuliers.

I. REGLE.

On examine plus dans
les conventions l'intention
des contractans, que les
termes dont ils se font fer-
vis pour l'expliquer. a

II. REGLE.

Les Loix ont leur effet
indépendemment de la vo-
lonté des particuliers, &
perfonne ne peut empêcher
ni par des conventions, ny
par des difpofitions à caufe

a *In conventionibus contrahentium volun-
tatem potiùs quàm verba fpectari placuit,
L. 19. ff. de verbor. fignif. Prior atque po-
tentior eft quam vox, mens dicentis. L. 7.
in fine ff. defupell. leg.*

Bb

de mort, ny autrement, que les Loix ne reglent ce qui le regarde; ainsi un Tes-tateur ne peut empêcher par aucune précaution, que les Loix n'ayent leur effet, con-tre les dispositions qu'il pouroit faire contraires à celles des Loix : ainsi les conventions qui blessent les regles, n'ont aucun effet. [a]

Examinons la question par rapport à ces regles ge-nerales & particulieres.

Premierement, par rap-port aux generales, n'est-il pas vrai que si la Coûtume

[a] *Jus publicum privatorum pactis mutari non potest.* L. 38. ff. de pact.

de Paris avoit besoin d'être
interpretée, l'interpretation
s'en feroit premierement
par l'équité.

Secondement, que n'y
ayant d'arbitraire dans la
Legitime que la quotité, le
fournissement étant cer-
tain, & par la Loy naturelle, & par le Droit public, il
n'y a aucun article de la
Coûtume, qui charge le
dernier donataire de ce
fournissement, & qu'ainsi
la même équité veut, que
puisque tous les donataires
ont reçû en avancement
d'hoirie, qu'ils contribuent
tous à ce fournissement;

c'est une suite des deux,
trois, & quatriéme Re-
gles.

Troisiémement, que la
définition de la quotité de
la Legitime, & le privilege
de l'abstention de l'heredité, sous la condition du
fournissement, ayant été
ajoûtez par les Reforma-
teurs à l'ancienne Coûtu-
me, auparavant laquelle
les émancipez étoient ex-
clus de succeder à leurs pere
& mere, sans être dispensez
du fournissement de la Legitime, ils sont à plus forte
raison obligez d'y contribuer aujourd'huy, puisque

les nouvelles Loix en abro-
geant la dureté de l'exclu-
sion de succeder, ont été
bien éloignées d'abroger la
necessité du fournissement
de la Legitime, puis qu'elles leur ont fait la grace
de les remettre dans une famille, où ils étoient encore
pour le fournissement de
la Legitime, quoy qu'ils en
fussent dehors, pour partager les biens demeurez au
decés de leurs pere & mere :
c'est une suite de la cin-
quiéme Regle.

Quatriémement, c'est
que s'il y avoit quelque difficulté depuis la définition

des donations en avance-
ment d'hoirie, pour expliquer de privilege de l'abstention de l'heredité, accordé aux donataires, sauf
la Legitime des autres, &
s'il on prétendoit que le terme generique de *celuy*,
dont les Reformateurs se
font servi, pour exprimer
tout donataire, fût un terme muet, qui laisse la question indecise entre les donataires, pour sçavoir lequel d'entr'eux la fournira;
ne faudroit-il pas avoir recours à l'intention des Redacteurs & des Reforma-
teurs de la Coûtume, qui

n'a pû être que l'équité, ou
égale, ou proportionelle :
Ne faudroit-il pas tenir
pour regle assurée l'ancien
usage & les Arrests des Brinons, des de S. Vaast & des
Fayerolles, qui par leur
conformité font l'enchaîne-
ment & de l'usage & des in-
tentions des Redacteurs &
des Reformateurs, & la
preuve de la perpetuité des
Jugemens sur cette matie-
re ; & s'il n'y avoit ny Coûtume ny Arrests qui en par-
lassent, ne faudroit-il pas
avoir recours au Droit Romain, qui ordonne si bien
la contribution ?

B b iiij

Par raport aux regles
particulieres des conven-
tions, lorsque les peres dot-
tent des enfans, ils ne man-
quent jamais de declarer,
qu'ils ne donnent qu'en a-
vancement de leur succes-
sion future: quand mesme
ils ne le diroient pas, le
Droit Romain & la Cou-
tume le disent pour eux;
mais ny l'un ny l'autre ne
disent pour eux, que le dernier des enfans dottez fournira la Legitime.

Cette intention du pe-
re, ou declarée, ou sup-
pleée par ces deux Droits,
est commune au premier

& au dernier des enfans
dotez. La vie de l'hom-
me, par rapport à sa for-
tune temporelle, est toute
renfermée entre la crainte
& l'esperance, qui se suc-
cedent l'une à l'autre; mais
son deceds fixant ses es-
perances & sa crainte, &
réunissant toutes les donations qu'il a faites avec ce
qu'il laisse, peut-on jamais
présumer que dans le cas de
la necessité de fournir des
alimens à ses enfans, qui
n'ont rien ou pas assez reçû, il n'en ait voulu charger que le dernier, ou les
derniers donataires? Ne

doit-on pas présupposer au contraire, qu'il a en mourant un veritable regret d'avoir trop compté sur l'esperance dont l'effet vainement attendu rend ses enfans inégaux entr'eux; mais qu'à l'egard du fournissement de la Legitime, il s'en remet à la disposition de la Coûtume & du Droit commun, qui ont pris les Legitimaires sous leur protection, pour leur tenir lieu de pere, suivant l'étenduë du privilege de l'abstention de l'heredité & de la pieté paternelle, qui auroit voulu les voir tous égaux : Ainsi les Loix, dont la raison suprême est l'équité, voiant que le fournissement de la Legitime est du Droit public, & de leur ressort, l'ont ordonné auparavant que d'avoir égard à des hypoteques & à des garanties qu'elles ont approuvées pour assurer l'execution des conventions [a], mais dont aucune ne pouvoit expressement dispenser aucun donataire de la contribution, sans estre reprouvée & annullée, comme contraire

[a] *Propter necessitatem quæ recepta sunt, non debent in argumentum trahi.* L. quæ propter 162. D. de reg. Jur.

aux bonnes mœurs & à l'esprit de toutes les Loix, soit naturelles, soit positives. Je croi qu'on ne me défavoüera pas, lors que je diray que ç'a été l'intention des Redacteurs & des Reformateurs de la Coûtume de Paris : Ces illuſtres Magiſtrats joignoient une profonde ſageſſe à une doctrine ſublime; ils eſtoient d'ailleurs inſpirez par les Princes par l'ordre deſquels ils travailloint, qui ne connoiſſent pour regle que la ſimple équité, ſans aucun mélange des ſubtilitez, & qui ont appris du plus fage d'entr'eux, que la juftice diftributive abhorre le poids trop leger ou trop pefant, & la mefure plus longue ou plus courte que la raifon ne permet. De forte que felon toutes ces regles, foit generales, foit particulieres, on ne peut raifonnablement douter qu'ils n'ayent ordonné la contribution à la Legitime par tous les enfans donataires, fans leur reprocher le poids trop leger d'un côté, & trop pefant de l'autre; fans accufer leurs illuftres fucceffeurs d'avoir mal compris l'esprit de leurs Loix, dans les Arrests rendus devant la réformation de la Coûtume, & depuis la reformation jusques en 1688, il faudroit pour cela soûtenir que ce n'est que depuis ce temps qu'on a bien entendu la langue Françoise, & que le mot de *celuy* n'est plus universel, mais restraint à quelques personnes particulieres : que plus on s'éloigne d'un objet, & plus la vûë le découvre nettement & distinctement, quoy qu'il soit vray, que plus on en est éloigné, & plus on a besoin de secours

pour le connoiſtre, & dans
la Juriſprudence ces ſecours
ſont les anciens Arreſts
uniformes rendus ſur la
queſtion, & encore ſur une
queſtion auſſi ſimple que
celle-cy , tous les donataires contribueront-ils ? n'y
aura-t-il que les derniers
d'entr'eux qui fourniront
ou ſupléeront ? (ce qui ren-
verſeroit abſolument le veritable état de la queſtion,
que les Redacteurs avoient
décidée par la ſeule définition de la donation en a-
vancement d'hoirie, & dont
la quotité eſtoit referée au
Droit Romain) queſtion

que les Reformateurs ont
plus amplement décidée,
en difant que tout dona-
taire pourroit fe tenir à
fon don, fauf la Legitime
des autres, fi elle ne fe
trouve pas dans les biens
demeurez au deceds du pe-
re ; queſtion qui n'eſt plus
une queſtion, fi l'on con-
fidere les Loix Romaines,
les difpofitions de la Coûtume de Paris, les regles
pour les interpreter & les
anciens Arreſts qui ont déclaré uniformément juf-
ques en 1675. l'intention
des Redacteurs & des Re-
formateurs, & qui ont fer-

vy

de regle jusqu'en 1688.
Il faudroit donc pour abroger, & les dispositions de la
Coutume, sa doctrine non
interrompuë, & les Arrests
des Brinons, dés de S. Vaast
& des Faverolles, de deux
choses l'une, ou une declaration du Prince pour abroger cette égalité proportion-
nelle, & c'est ce qu'on n'a
pas lieu de craindre du
grand & du sage Roy sous
lequel nous vivons : ou un
usage contraire & volon-
taire de tous les peres qui
sont soumis à la Coûtu-
me, & c'est ce qu'on ne
sçauroit apprehender ny

Cc

préfumer de leur pieté ; j'ay
même prouvé plus haut,
que quand ils le voudroient
ils ne le pourroient pas,
puifque de telles conven-
tions feroient abfolument
contre les bonnes mœurs.

Hor. Ep.
xvi. lib. i.

Epift. x.

Vir bonus eft quis?
Qui confulta patrum, qui leges
juraque fervat :
Naturam expellas furcâ, tamen
ufque recurret.
Et mala perrumpet tandem
faftidia victrix,

FIN.

PRIVILEGE DU ROY.

LOUIS, PAR LA GRACE DE DIEU ROY DE FRANCE ET DE NAVARRE, A nos amez & feaux Conseillers les gens tenans nos Cours de Parlement, Maîtres des Requestes ordinaires de nôtre Hôtel, Grand-Conseil, Prevost de Paris, Baillifs, Sénéchaux, leurs Lieutenans Civils, & autres nos Justiciers qu'il appartiendra, SALUT: le sieur BERGER, Avocat en Parlement & Notaire au Chastelet de Paris, Nous ayant fait supplier, de luy accorder nos Lettres de Privilege pour l'impression d'un Livre qu'il desireroit donner au public, intitulé, *Traité de la Contribution à la Legitime par tous les Enfans donataires, tiré des Principes du Droit Romain, & des Dispositions de la Coûtume de Paris : avec la Réfutation de l'opinion contraire, & de deux Ecrits faits pour la soûtenir :* Nous luy avons permis & accordé, permettons & accordons par ces Presentes de faire

imprimer par tel Imprimeur qu'il
voudra choisir, ledit Livre en telle
forme, marge, caractere, & autant
de fois que bon luy semblera pendant le temps de quatre années conse-
cutives, à compter du jour de la dar-
te des Présentes, & de le faire vendre & distribuer par tout nôtre
Royaume ; Faisant défenses à tous
Libraires, Imprimeurs, & autres,
d'imprimer, faire imprimer, vendre
& distribuer ledit Livre sous quelque prétexte que ce soit, même d'impression étrangere, & autrement,
sans le consentement de l'Exposant
ou de ses ayans cause, sur peine de
confiscation des exemplaires contre-
faits, de quinze cens livres d'amen-
de contre chacun des contrevenans,
applicable un tiers à nous, un tiers
à l'Hôtel-Dieu de Paris, l'autre
tiers audit Exposant, & de tous dé-
pens, dommages & interests, à la
charge d'en mettre avant de l'expo-
ser en vente deux exemplaires en nôtre Bibliotheque publique, un autre dans le Cabinet des Livres de nôtre Château du Louvre, & un en

celle de nôtre tres cher & féal Chevalier Chancelier de France le Sieur Phelypeaux, Comte de Pontchartrain, Commandeur de nos Ordres; defaire imprimer ledit Livre dans nôtre Royaume, & non ailleurs, en beau caractere & papier, suivant ce qui est porté par les Reglemens des années 1618. & 1686. & de faire enregistrer les Presentes és Registres de la Communauté des Libraires de nôtre bonne ville de Paris, le tout à peine de nullité d'icelles, du contenu desquelle Nous vous mandons & enjoignons de faire joüir l'Exposant ou ses ayans cause, pleinement & paisiblement, cessant & faisant cesser tous troubles & empêchemens contraires; Voulons que la copie desdites Presentes qui sera imprimée au commencement ou à la fin dudit Livre soit tenuë pour dûëment signifiée, & qu'aux Copies collationnées par l'un de nos amez & feaux Conseillers & Secretaires, foy soit ajoûtée comme à l'Original; Commandons au premier nôtre Huissier ou Sergent de faire pour l'execution

des Prefentes toutes fignifications;
défenfes, faifies, & autres actes re-
quis & neceffaires, fans demander
autre permiffion; & nonobftant cla-
meur de Haro, Charte Normande,
& Lettres à ce contraires; CAR tel
eft nôtre plaifir. DONNE' à Ver-
failles le trentiéme jour d'Avril l'an
de grace mil fept cens deux, & de
nôtre Regne le cinquante-neuviéme.
PAR LE ROY en fon Confeil,
Signé,

LE COMTE.

*Regiftré fur le Livre de la Commu-
nauté des Libraires & Imprimeurs.
conformément aux Reglemens. A Paris
ce 3. jour de May 1702. Signé,*

P . TRABOUILLET, *Syndic.*

les Prelutes toutes fignifications,
defenfes, faittes, & autres Seig-
quie & acceffaires, fans demander
autre permiffion; & nonobftant cla-
meur de Haro, Charte Normande,
& Lettres à ce contraires. Car tel
eft noftre plaifir. En témoin à ces
lettres le noftre feau. Donné à Ver-
failles le ... jour de ... l'an
de grace mil fept cens dix, & de
noftre Regne le cinquante-neuviéme.
PAR LE ROY en fon Confeil,
Signé,

                    LE COMPTE.

Registré fur le Livre de la Communauté des Libraires & Imprimeurs,
conformément aux Reglemens. A Paris
ce ... Signé,

        P. Thiboust, Syndic.